潮水連海平
海上明月共潮生
隨波千萬裏
何處春江無月明
宛轉繞芳甸
月照花林皆似霰
空裏流霜不覺飛
汀上白沙看不見
江天一色無纖塵
皎皎空中
輪
江畔何人初見
人生代代無窮已
不知江月待何人
白雲一片去悠悠

DAS CHINA-KOCHBUCH

TIAN TANG

Verlagshaus Jacoby Stuart

菜單 Die Rezepte

湯與主食與點心
Snacks, Vorspeisen & Suppen

豆腐蔬菜
Vegetarisches

禽類

Geflügel

肉類

Fleisch

魚與海鮮

Fisch & Meeresfrüchte

Die Geschichten und mehr

Anhang

序言 »Essen ist des Volkes Himmelreich.«

So lautet ein uraltes chinesisches Sprichwort, das verdeutlicht, wie sehr die Menschen im Reich der Mitte ihr Essen schätzen. Es stillt nicht nur den Hunger, sondern soll auch richtig gut schmecken, glücklich machen und den Körper gesund halten. Das Essen dient quasi der himmlischen Harmonie von Körper und Seele. Für manche Menschen klingt dies jetzt vielleicht etwas befremdlich, aber lassen Sie sich nicht abschrecken!

Obwohl chinesisches Essen sich weltweit und auch in Deutschland großer Beliebtheit erfreut, wissen die meisten Menschen eher wenig über das Land selbst. Vielleicht trauen sich deshalb viele nicht, Gerichte aus diesem riesigen fernen Land mit der uralten fremden Kultur selbst zuzubereiten – wenngleich sie öfter im Restaurant chinesisch essen. Mit diesem Buch möchte ich Ihnen Mut machen und Sie dazu ermuntern, es einfach mal zu versuchen – es ist eigentlich gar nicht so kompliziert.

So findet man zum Beispiel zunehmend spezielle Zutaten und Gewürze in Asialäden, und auch die normalen Supermärkte bestücken ihre Regale inzwischen mit Sojasauce, Reisnudeln, Tofu & Co. Für chinesische Gerichte einzukaufen, ist also leichter, als viele denken. Für die Zubereitung benötigen Sie nur wenig Kocherfahrung – so sollten Sie Gemüse oder Fleisch schneiden und Spiegeleier wenden können. Außerdem sollten sich in Ihrer Küche zwei bis drei Pfannen befinden (es muss nicht unbedingt eine traditionelle Wok-Pfanne sein) sowie etwas Platz für die neuen Gewürze. Und schon können Sie loslegen. Wer weiß, vielleicht macht der schöne Duft der Chinaküche, der bald durch Ihr offenes Küchenfenster in die Lüfte steigt, ja auch den Himmel gesund und glücklich.

Egal wo sie sind, Chinesen lieben ihr Essen und verlassen das Himmelreich ihrer Heimatküche nur ungerne. Ich bin da keine Ausnahme. Auch wenn mir das Essen in Deutschland gut schmeckt, habe ich mich stets nach dem Essen meiner Heimat gesehnt. Ab und zu ins Restaurant zu gehen, hat mir nicht gereicht – ich wollte täglich chinesisch essen. Zu meiner Freude stellte ich dann schnell fest, dass viele chinesische Zutaten in Deutschland gut zu bekommen sind.

Und so habe ich fleißig gelernt, selbst richtig gut chinesisch zu kochen.

Für alle, die auf den Geschmack der chinesischen Küche gekommen sind, und sich nun selbst an ihrer Zubereitung versuchen möchten, habe ich Rezepte zusammengestellt, deren Zutaten leicht erhältlich sind, und die auch für Menschen, die keine Kenntnisse der chinesischen Küche haben, ohne große Schwierigkeit zubereitet werden können. Meine Rezepte reflektieren natürlich nicht die gesamte Küche Chinas – denn das Land ist riesig, und es gibt sehr viele regionale Unterschiede in der Esskultur. Ich beschränke mich daher auf Standardgerichte, die überall in China gerne gegessen werden und füge auch einige Rezepte aus meiner Heimatstadt Wuhan hinzu. Die Rezepte sind dennoch so vielfältig, dass Sie einen guten Einblick in das Himmelreich der chinesischen Küche erhalten. Weiterhin habe ich für Sie auch einige erzählende Texte geschrieben, in denen ich Sie mit Aspekten der chinesischen Kultur bekannt mache. So stelle ich Ihnen zum Beispiel das chinesische Neujahrsfest (Seite 52) vor oder den allseits beliebten Schnittknoblauch (Seite 66) und noch einiges mehr.

Ich wünsche Ihnen einen himmlischen Spaß mit diesem Buch und viel Erfolg beim Kochen!

Tian Tang

色香味全

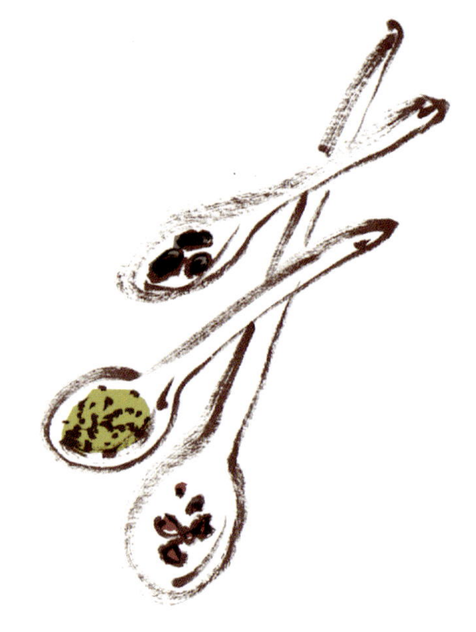

料酒

醋

中國食文化

Zur chinesischen Esskultur

Eine typische chinesische Mahlzeit besteht aus Reis oder Teigwaren und dazu werden mehrere weitere Gerichte serviert, die im Gegensatz zum westlichen Menü gleichzeitig aufgetragen werden. Zum Abendessen für eine sechsköpfige Familie werden etwa neben dem Reis drei oder vier Gerichte serviert, mittags ein Gericht weniger. Je festlicher der Anlass ist, desto mehr Gerichte werden aufgetragen. In der Zusammenstellung der Speisen wird immer auch auf Farbe, Aroma sowie die Vielfalt der Zutaten geachtet. Desserts gehören in China eigentlich nicht auf den Menüplan, stattdessen wird frisches Obst gereicht.

Zwar gibt es in China keine klassische Speisenfolge, trotzdem ist es Brauch, die leichten Gerichte vor den schweren, die salzigen vor den süßen und Suppen nach den festen Speisen zu essen. Wichtig ist, dass die kalten und die warmen Gerichte nach dem Prinzip Yin und Yang harmonieren. Auch der runde Esstisch symbolisiert mit seiner Kreisform Harmonie, außerdem kommen so alle leichter an die Speisen. Sie stehen im allgemeinen in der Mitte des Tisches, sehr oft auch auf einer sich drehenden großen Platte. Jeder bedient sich mit seinen Stäbchen von den Gerichten auf der Platte, denn im Gegensatz zu Deutschland, wo eine Person ein Essen für sich allein bestellt, werden alle Speisen von allen gegessen.

Um Ihnen, liebe LeserInnen, die Zusammenstellung der Speisen zu erleichtern, habe ich nachfolgend kleine und große jahreszeitliche Menüvorschläge für Sie zusammengestellt, natürlich wird zu allen Menüs Reis serviert.

Guten Appetit!

Kleines Frühlingsmenü für 2–4 Personen

Großes Frühlingsmenü für 6–8 Personen

Kleines Sommermenü
für 2–4 Personen

Großes Sommermenü
für 6–8 Personen

Kleines Herbstmenü für 2–4 Personen

Großes Herbstmenü für 6–8 Personen

Kleines Wintermenü für 2–4 Personen

Geschmortes Rindfleisch mit weißem Rettich 116

Zweimal gegartes Schweinefleisch nach Sichuan Art 121

Gebratene Shiitakepilze mit Bambussprossen 82

Pak choi in Austernsauce 75

Großes Wintermenü für 6–8 Personen

Mapo Tofu 108

Gefüllte Shiitakepilze mit Wachteleiern 126

Geschmorte Entenschenkel in Biersauce 96

Meeresfrüchtetopf mit Tofu 138

Staudensellerie mit Cashewnüssen 77

Gebratener Spitzkohl 81

Fleischklößchen im Klebreismantel 128

Sauerscharfe-Suppe 57

食材與廚具

Typische Zutaten und Zubereitungstechniken der chinesischen Küche

Austernsauce

Wird auf der Basis von Austernfleischextrakt hergestellt. Hinzu kommt Sojasauce, die mit Zucker, Knoblauch und Salz eingekocht wird sowie Mehl und Maisstärke. Es gibt auch eine vegetarische Variante der Austernsauce, die aus Shiitakepilzen hergestellt wird. Sie zeichnet sich durch eine dickflüssige Konsistenz und eine dunkelbraune Farbe aus. Sie schmeckt salzig, würzig-pikant und ganz leicht süßlich.

Bambussprossen

Die oft auch Bambussprösslinge genannten zarten saftigen und knackigen Triebe werden ähnlich wie bei uns der Spargel geerntet, nämlich wenn ihre Spitzen durch die Erdoberfläche stoßen. Dann sind sie noch klein und schmal. Häufiger findet man bei uns Teile von großen Bambussprossen im Glas (oder in der Dose). Manchmal bekommt man bei uns in Asialäden auch frische oder eingesalzene und getrocknete Bambussprossen.

Bohnenpasten

Es gibt schwarze, rote und braune Bohnenpasten sowie süße und scharfe, die alle aus fermentierten Bohnen – im Regelfall Sojabohnen, aber auch aus Saubohnen – hergestellt werden. Dazu kommen Mehl und Gewürze. Sie sollten nach dem Anbrechen im Kühlschrank aufbewahrt werden.

Bohnenpaste mit Chili – Sichuan Doubanjiang

Ein wichtiges Würzmittel der Sichuanküche. Sie ist rot-bräunlich und die Chilis sind deutlich erkennbar. Sie hat einen komplexen, leicht scharfen Geschmack. Die frische Paste wird etwa eine Woche lang fermentiert, dann sechs Wochen in der Sonne getrocknet, und nochmals rund drei Monate in Bottichen aus Ton fermentiert.

Chilischoten

In der chinesischen Küche werden überwiegend getrocknete Chilischoten verarbeitet. Um sie in Ihren Saucen zu verwenden, zunächst den Stiel abschneiden, die getrocknete Chili der Länge nach halbieren und die Kerne entfernen. Dann nach Rezept weiterverarbeiten.

Chinakohl

Er bildet in Nordchina das wichtigste Gemüse. Es soll hunderte von Sorten geben. Chinakohl (Brassia rapa pekinensis) wird in der kalten Nordregion des Riesenreichs traditionell über den Winter eingelagert, da aber Keller in den Städten fehlen, wird er meistens auf dem Balkon, in Hausfluren etc. gestapelt.

Chinakohl bietet sich für unzählige Zubereitungsarten an: ob deftig, raffiniert, süß, sauer, pikant, scharf oder eingesalzen – der schwere Kohl mit den zarten Blättern schmeckt und passt immer.

Dämpfen

In Asialäden gibt es stets Bambusdämpfer zu kaufen, die praktisch sind, da sie auch übereinandergestapelt werden können. Sie werden einfach in einen mit Wasser gefüllten Wok gestellt. Wer keinen Wok hat, nimmt einen in der Größe passenden Topf, gibt etwa 1 Liter Wasser hinein, stellt eine kleine Schüssel oder eine große Tasse umgedreht in den Topf, bringt das Wasser zum Kochen und setzt das Gargut auf einem Teller auf die Tasse. Dann das Gericht zugedeckt garen.

Enoki-Pilze

Auch als Winter- oder Schneepilze bekannt, wachsen selbst bei kühlen Wintertemperaturen. Die zarten weißen Pilze mit ihren langen samtigen Stielen und kleinen Köpfen haben einen süßlichen milden Geschmack. Gezüchtete Enokis werden in kleinen Büscheln geerntet und verkauft. Sie lassen sich auch roh verzehren. Der Wurzelstock wird abgeschnitten, Stiel und Hut werden mitgegessen. Im Kühlschrank halten sie bis zu einer Woche.

Essig

Der schwarze Reisessig ist der gängiste Essig in der chinesischen Küche, sein Säuregehalt ist relativ gering. Aber der helle Reisessig kommt auch regelmäßig zum Einsatz.

Frittieren

Die Zutaten werden in heißem Öl schwimmend ausgebacken. Die Chinesen mögen ihr Frittiergut allerdings nicht zu dunkel, es sollte also schön hell bleiben, aber knusprig sein.

Klebreis

Dieser Reis wird nie gekocht, sondern immer gedämpft. Es ist eine Reissorte, deren Körner beim Dämpfen komplett miteinander verkleben. Klebreis wird in China auch gerne für süßes Gebäck verarbeitet, aber diese Rezepte sind sehr kompliziert und sollten lieber den Profis überlassen werden.

Lotoswurzel

Diese Seerosenart gilt in China als heilig (s. S. 62). Sie wird für vegetarische Gerichte für Suppen und für Süßspeisen verwandt. Sie schmecken mild und ganz leicht süßlich. Frisch gibt es sie nicht oft in unseren Breitengraden zu kaufen, sondern in der Dose oder getrocknet. Lotosblätter wiederum werden ähnlich wie Bananen- oder Schilfblätter zum Einwickeln von Speisen genutzt.

Maisstärke

Wird einerseits zum Binden verwandt, damit die Zutaten eines Gerichts mit der Sauce eine homogene Masse bilden. Andererseits wird sie genutzt, um die jeweiligen Zutaten mit einem Stärkemantel zu überziehen. Der dient dazu, dass die Zutaten ihre Form behalten und schön zart bleiben.

Mu-Err-Pilze

Es handelt sich hierbei um getrocknete Baumpilze, die auch chinesische Morcheln genannt werden. Sie zeichnen sich nicht durch einen ausgesprochen »pilzigen« Geschmack aus, sondern durch ihre besondere Textur, die an frische Meeresalgen erinnert. Außerdem nehmen sie die Aromen der Flüssigkeiten, in denen sie zubereitet werden, besonders gut auf.

Pak choi

Dieses Gemüse wird auch chinesischer Senfkohl genannt. Es hat einen sehr feinen Geschmack und sollte nach dem Einkauf schnell verbraucht werden, da es aufgrund seines hohen Feuchtigkeitsgehalts nicht lange haltbar ist. Es wird im allgemeinen genauso zubereitet wie Spinat oder Mangold.

Pfannenrühren

Wichtig ist für das Pfannenrühren, dass alle Zutaten fertig vorbereitet bereit stehen, bevor Sie mit dem Kochen beginnen. Die Zutaten werden in heißem Öl unter ständigem Rühren und in kurzer Zeit gegart und sollten möglichst identische Größen haben. Wenn in einem Gericht verschiedene Zutaten vorkommen, etwa Fleisch und Gemüse, werden beide erst getrennt gegart, damit ihr jeweils eigenes Aroma gut erhalten bleibt, und erst am Ende miteinander noch einmal kurz erhitzt.

Tofupapier oder Tofublätter

Eine Spezialität der Shanghai-Küche. Dabei wird der Tofu mit Pottasche behandelt, um ein festes Tofublatt zu erhalten, das normalerweise getrocknet verkauft wird. Tofupapier wird auch als Würzmittel in Suppen und Eintöpfen genutzt, da sie Aromen sehr gut aufsaugen.

Schmoren

Die Zutaten werden in Flüssigkeit, etwa Brühe, zugedeckt gegart. Am Ende wird die Flüssigkeit dann bei starker Hitze und offenem Deckel eingekocht, bis sie andickt.

Schnittknoblauch

Schmeckt ein wenig wie Bärlauch, mehr dazu auf Seite 66.

Sesamöl

Dies ist kein Öl zum Kochen, denn durch Erhitzen verliert es seine Aromen. Es dient als Würze und sollte erst kurz vor dem Servieren zugefügt werden.

Shaoxing-Reiswein

Er verleiht jedem Gericht zusätzliche Aromen und eignet sich ganz großartig zum Marinieren. Siehe auch Tipp auf Seite 106.

Sichuanpfefferkörner

Kombiniert mit getrockneten Chilis sind sie für den berühmten *ma la*-Effekt verantwortlich, dieses einzigartige ganz kurze Gefühl des kribbelnden betäubten Gaumens und der Zunge, das charakteristisch für die Sichuanküche ist. Herrlich!

Sojabohnen

Auch »Silberkeimling« oder »Gelbes Juwel« genannt, ist sicherlich weltweit das bekannteste chinesische Gemüse. Bereits vor 3000 Jahren wurden Sojasträucher in China kultiviert. Der Strauch erzeugt Sojasprossen, die ursprünglich ausschließlich als Heilmittel verwandt wurden. Aus den Bohnen werden Pasten, Nudeln, Tofu und Sojasauce gewonnen. Weiterhin werden die schwarzen Bohnen fermentiert. Der Duft dieser fermentierten Bohnen, der vielleicht am ehesten als starke pfeffrige Vanillenote beschrieben werden kann, ist im rohem Zustand recht ungewohnt. Nach kurzer Kochzeit ist ihr Duft mild und fein geworden. Sie schmecken ganz leicht scharf, salzig, süßlich und zugleich ein wenig bitter. Vor der Verarbeitung sollte man das Salz der fermentierten Bohnen gut abspülen und dann feinhacken.

Sojasaucen

Die wichtigsten Zutaten sind Sojabohnen, Getreide (Weizen oder Gerste), Wasser und Salz. Dieses altbewährte Rezept entstand vor rund 2500 Jahren in China, Sojasauce ist also eines der ältesten Würzmittel der Welt. Helle Sojasauce ist salziger als die dunkle und hat eine dünnere Konsistenz. Dunkle Sojasauce ist dickflüssiger, wird länger fermentiert und schmeckt daher intensiver, weniger salzig und ein wenig süßlich.

Stäbchen

Es ist eigentlich ganz einfach mit Stäbchen zu essen, Sie brauchen aber ein wenig Übung: Das untere Stäbchen wird an den Zeigefinger gelehnt und mit Daumen und Ringfinger gehalten. Das obere Stäbchen »bewegt« sich direkt darüber. Beim Essen wird nur das obere Stäbchen bewegt.

Wasserkastanie

Sie gilt sowohl als Obst als auch als Gemüse. Der Geschmack der weißrosafarbenen Frucht ist säuerlich bis ganz leicht scharf. Die knackige Kastanie stammt ursprünglich aus Indien und wird bei Speisenzusammenstellungen häufig als Kontrast zum weichen, ebenfalls weißlichen Garnelenfleisch eingesetzt.

Wok

Sollte aus gutem Gusseisen sein, nicht aus dünnem Metall. Seine runde Form erlaubt es, pfannengerührte Gerichte schnell und effizient zuzubereiten. Wenn Sie keinen Wok haben, nehmen sie stattdessen eine tiefe gusseiserne Pfanne oder einen höheren Topf.

Die Rezepte

Snacks, Vorspeisen & Suppen

豆皮
蛋花米酒
糯米鸡
糯米油条
鸡冠饺
红糖汤圆
牛肉米粉
蒸饺
面窝
米粑
炒豆丝
生煎包
糖三角
油条

Traditionelle Frühstücksstände – der Geschmack der Nostalgie

热干面

Der Himmel lässt gerade seine ersten Lichter schimmern. Dann und wann gehen ein paar Menschen in Mänteln vorüber. Es ist noch sehr still auf der Straße, so still, dass man das surrende Geräusch der Fahrradspeichen in der kühlen Morgenluft hören kann. Die Frühstücksstände haben bereits geöffnet. Heißes Öl knistert in riesigen Woks, in dem frische Jiao-zi (Teigtaschen) gebraten werden. Jetzt geht die Sonne auf, und man sieht den Rauch aus einem Bambus-Dampfeinsatz tanzend hervorquellen. Er erinnert an die Wolken in der berühmten Höhlenmalerei von Dunhuang, auf denen die Göttinnen fliegen. Wird der Deckel abgenommen, so blickt man auf wundervoll gedämpfte Bao zi (Hefeklöße), mit Fleisch, Gemüse oder süßen Bohnen gefüllt. An einem anderen Stand wird ein Ei am Rand einer Schüssel aufgeschlagen, Dotter und Eiweiß werden mit Stäbchen vermengt, dann wird mit den Stäbchen heißer süßer Reiswein mit Klebreiskörnern hineingerührt. Das Ei bildet zahlreiche Streifen und scheint, an der Oberfläche schwimmend, mit den weißen Körnern zu spielen. Es duftet herrlich nach süßem Dān jiu, so heißt der mit einem Ei verquirlte Reiswein. Der Besitzer des Standes kostet als erstes. Nach und nach stellen sich Passanten an und bestellen ihre Becher süßem Dān jiu.

Als ich ein Kind war, waren Szenen wie diese überall zu beobachten. Es war damals noch üblich, dass beide Elternteile arbeiten gingen, sodass sie nicht unbedingt Zeit hatten, zu Hause Frühstück zuzubereiten, auch nicht für ihre Kinder. Stattdessen holten sich Eltern, wie auch Kinder, die dafür Taschengeld bekamen, ihr Essen an eben solchen Frühstücksständen. Dank der wirtschaftlichen Entwicklung ist es immer normaler geworden, dass nicht beide Elternteile ständig arbeiten müssen, und so kann inzwischen ruhig zu Hause gefrühstückt werden. Auch die immer mehr werdenden Hochhäuser und Autos verdrängen die traditionellen Frühstücksstände. Durch das enorme Wirtschaftswachstum Chinas und die Globalisierung hat sich das Land stark verändert, dennoch schafft es das Reich der Mitte, seine uralten Speisetraditionen zu bewahren; das chinesische Essen und die chinesische Esskultur sind so einzigartig, dass sie ihren Charakter auch in Zukunft im Großen und Ganzen werden erhalten können. Dennoch merke ich am Beispiel der Frühstücksstände, dass das Himmelreich des Essens auch etwas verloren hat, denn die Stände sind weniger geworden.

Heute sieht man zwischen den Hochhäusern, wie der Himmel seine ersten Lichter über Frühstücksstände funkeln lässt, die Teigtaschen, Klöße, Frühlingsrollen, Tofu, Reiskuchen, Nudel- und Suppengerichte anbieten … das Angebot ist also immer noch so lecker, interessant und vielseitig wie damals, enthält jedoch auch einen versteckten neuen Geschmack namens Nostalgie …

燒賣

Gefüllte Teigtaschen

Ergibt 3-4 Portionen

30 Wantanteigblätter (TK)
250 g Hackfleisch vom Schwein o. Rind o. gemischt
1 Ei
2 EL Shaoxing-Reiswein
3 EL Sojasauce
1 EL Speisestärke
Salz, Pfeffer
2 EL gehackte Frühlingszwiebel
1 TL gehackter Ingwer
1 kleine Karotte
2 Shiitakepilze
2 EL Zuckermais (TK)

Für den Dipp
2 EL helle Sojasauce
2 EL Reisessig
1 TL Chiliöl

⊕ Die Wantanblätter nach Packungsanweisung auftauen und rund schneiden.

⊕ Das Hackfleisch mit Ei, Kochwein, Sojasauce und Speisestärke sehr kräftig in einer Schüssel vermengen. Mit Salz und Pfeffer abschmecken und beiseitestellen.

⊕ Karotten und Shiitakepilze putzen, in sehr kleine Stücke (etwa die Größe von Erbsen) schneiden. Gemeinsam mit dem Mais zum Fleisch geben und sehr gut unterrühren.

⊕ Die Wantanblätter auslegen und jeweils 1 TL der Füllung in die Mitte geben. Die Teigränder mit den Fingern beider Hände nach oben ziehen und zu einem Säckchen zusammendrehen, siehe nebenstehende Illustration. Die Füllung ist dabei noch ein wenig sichtbar.

⊕ In einem Topf ausreichend Wasser zum Kochen bringen. Einen Dampfeinsatz in den Topf setzen. Die Teigtaschen auf einen leicht eingeölten o. mit Backpapier ausgelegten Teller platzieren, in den Dampfeinsatz geben und bei mittlerer Hitze zugedeckt etwa 10 Min. dämpfen lassen.

Tipp: Dieses Gericht eignet sich sehr gut als Snack zwischendurch. Gern auch zum Wein oder Bier. Und es sieht sehr dekorativ aus, fast floral.

韭菜煎餅

Pfannkuchen mit Schnittknoblauch

Ergibt 2–3 Portionen bzw. 4–6 Pfannkuchen

150 g Schnittknoblauch
1 TL Sesamöl
Prise weißer Pfeffer
175 g Weizenmehl Type 405
200 g lauwarmes Wasser
1 TL Salz
1 Ei
1 TL Öl jeweils zum Braten

Für den Dipp
2 EL helle Sojasauce
2 EL schwarzer Reisessig
1 TL Chiliöl

⊕ Schnittknoblauch waschen, in etwa 3 cm lange Streifen schneiden. Mit Sesamöl und Pfeffer gut vermischen.

⊕ Backofen auf 120 °C vorheizen.

⊕ Mehl kräftig mit Wasser, Salz und Ei verrühren, danach den Schnittknoblauch dazugeben.

⊕ In einer mittelgroßen Pfanne (22–24 cm) 1 TL Öl bei mittlerer Hitze heiß werden lassen, etwa 1 Kelle Teig hineingießen und mit einem Kochlöffel zu einem runden Pfannkuchen in Größe der Pfanne formen.

⊕ Den Pfannkuchen bei mittlerer Hitze 2–3 Min. braten, bis die Oberfläche fest ist und die untere Seite etwas goldbraun aussieht, dann vorsichtig wenden. Weitere 2 Min. braten und im vorgeheizten Backofen auf einer Servierplatte warmhalten. Mit den weiteren Pfannkuchen ebenso verfahren, bis der Teig aufgebraucht ist.

⊕ Sojasauce, Reisessig und Chiliöl in einem kleinen Schälchen verrühren und auf den Tisch stellen.

⊕ Die Pfannkuchen heiß servieren, in acht Teile schneiden. Dann können sie mit Messer und Gabel oder Stäbchen aufgerollt, in den Dipp getaucht und verspeist werden.

Tipp: Diese Pfannkuchen schmecken zum Frühstück ebensogut wie als schneller Snack für zwischendurch. Schnittknoblauch enthält viel Wasser, daher sollte der Teig nach dem Mischen schnell verbraucht werden.

春卷

Frühlingsrollen mit Ei

Ergibt 4 Portionen

16 Frühlingsrollenteigblätter (TK)
100 g Schnittknoblauch
2 Eier
50 g getrocknete MuErr-Pilze
50 g Garnelen
20 g Wasserkastanien

½ TL Zucker
1 TL Salz
4 EL Pflanzenöl
1 EL Speisestärke

Zum Kleben der Rollen
1 EL Mehl
1 EL Wasser

Für den Dipp
2 EL helle Sojasauce
1 EL dunkler Reisessig
1 TL Chiliöl

Öl zum Frittieren

㊉ Die Mu-Err-Pilze in lauwarmen Wasser etwa 1 Std. einweichen, dann gut ausdrücken. Die Eier in einer Schüssel kräftig schaumig schlagen.

㊉ 2 EL Öl in einer Pfanne bei starker Hitze heiß werden lassen, die Eimasse hineingießen und mit einem Kochlöffel schnell rühren, bis die Masse fest geworden ist. Aus der Pfanne kippen, mit dem Kochlöffel in mundgerechte Stücke zerkleinern und beiseitestellen.

㊉ Schnittknoblauch waschen und in ½ bis 1 cm lange Streifen schneiden, Garnelen, Mu-Err-Pilze und Wasserkastanien kleinschneiden. Die Stückchen sollen etwa die Größe von Erbsen haben.

㊉ Die Frühlingsrollenblätter etwa 1 Std. vor der Zubereitung aus dem Gefrierfach nehmen und bei Zimmertemperatur auftauen lassen.

㊉ In einer großen Schüssel erst den Schnittknoblauch mit 2 EL Öl und der Speisestärke gut vermischen. Danach Garnelen, Mu-Err-Pilze, Wasserkastanien und die gebratenen Eierstückchen dazugeben. Das Ganze gut miteinander vermengen, und mit Salz und Zucker abschmecken.

㊉ Mehl und Wasser zu einer klebrigen Paste verrühren.Die Frühlingsrollenblätter auf eine leichte bemehlte Arbeitsfläche auslegen, jeweils 1 gehäuften EL der Füllung der Länge nach auf die Mitte eines Teigblattes geben, aufrollen, und mit einem kleinen Klecks der Mehl-Wasser-Mischung zukleben.

㊉ In einem Wok oder einem Topf ausreichend Öl erhitzen, bei mittlerer Hitze die fertigen Frühlingsrollen nach und nach frittieren, zwischendurch ein paar Mal wenden, bis sie von allen Seiten goldbraun sind. Auf Küchenpapier abtropfen lassen.

㊉ Sojasauce, Reisessig und Chiliöl in einem kleinen Schälchen vermengen und zum Dippen der Frühlingsrollen auf den Tisch stellen. Die Frühlingsrollen heiß servieren.

芝麻醬凉面

Kalte Nudeln mit Sesamsauce

Ergibt 2 Portionen

300 g dünne getrocknete chinesische Weizennudeln (ähnlich wie japanische Somen-Nudeln)
1 Karotte
¼ Salatgurke
2 Eier
Öl zum Braten
4 dünne Scheiben Kochschinken, in Streifen geschnitten
1 Handvoll geröstete Erdnüsse, gehackt

Für die Sesamsauce
100 g Sesampaste
1 EL Sojasauce
1 EL chin. dunkler Reisessig
1 TL Sesamöl
1 TL Zucker
50 ml Wasser

⊕ In einem Topf reichlich Salzwasser zum Kochen bringen, die Nudeln hineingeben und in etwa 3–5 Min. bissfest kochen lassen, durch ein Sieb abgießen, unter sehr kaltem Wasser abschrecken und abtropfen lassen.

⊕ Die Eier kräftig miteinander verrühren.

⊕ 1 EL Öl in einer Pfanne bei starker Hitze heiß werden lassen, die Masse hineingießen und wie einen Pfannkuchen garbraten. Danach in feine Streifen schneiden.

⊕ Karotte und Gurke putzen und in 8–10 cm lange, etwa 5 mm breite Streifen schneiden.

⊕ Für die Sesamsauce alle Zutaten gründlich miteinander vermengen.

⊕ Die Nudeln auf zwei Schüsseln verteilen, die Eier, rohen Schinkenstreifen und Gemüsestreifen daraufgeben und mit der Sesamsauce begießen. Mit den gehackten gerösteten Erdnüssen bestreuen und servieren.

Tipp: Statt der Sesamsauce können Sie die Nudeln auch mit einer Erdnusssauce servieren, dazu statt der Sesampaste 100 g Erdnussbutter mit Wasser cremig rühren und dann weiterverfahren wie im Rezept angegeben.

土豆絲餅

Knusprige Kartoffelküchlein mit Sichuanpfeffer

Ergibt 4 Portionen bzw. 8 Küchlein

500 g festkochende Kartoffeln
1 Prise Salz
60 g Weizenmehl
2 Frühlingszwiebeln
½ TL feingehackter Knoblauch
1 TL heller chin. Reisessig
1 EL Sesamöl
½ TL gemahlener Sichuanpfeffer
1 Prise schwarzer Pfeffer
Öl zum Braten

⊕ Kartoffeln schälen und in sehr feine Streifen schneiden oder mit einer Reibe raspeln. Mehrmals in kaltem Wasser waschen, damit die Stärke ausgespült wird, danach abtropfen lassen und ausdrücken.

⊕ Die Frühlingszwiebeln schräg in etwa 4–5 cm lange Stücke schneiden, danach in feine Streifen schneiden.

⊕ Die Kartoffelstreifen in einer Schüssel mit 1 Prise Salz vermischen, danach mit Weizenmehl gründlich bestäuben.

⊕ Gehackten Knoblauch, die Frühlingszwiebelstreifen, Reisessig, Sesamöl, Sichuanpfeffer und Pfeffer dazugeben, alles noch einmal gut miteinander vermischen.

⊕ 1–2 EL Öl in einer großen Pfanne (28 cm) bei geringer Hitze heiß werden lassen. Jeweils 2 EL der Kartoffelmasse in die Pfanne geben und mit dem Löffelrücken flach drücken. Insgesamt passen 4 Pfannkuchen gleichzeitig in die Pfanne. Die Kartoffelküchlein in der Pfanne bei geschlossenem Deckel etwa 3–4 Min. braten, danach vorsichtig wenden und ohne Deckel weitere 3 Min. braten und auf einen warmen Teller geben. Mit den weiteren Küchlein ebenso verfahren, bis der Teig aufgebraucht ist. Heiß servieren.

Tipp: Diese Küchlein schmecken gut als pikantes Frühstück, sind ein beliebter Snack für Zwischendurch und werden auch gern zum Mittag- oder Abendessen zu Nudeln und Suppen gereicht.

鲜肉包子

Gedämpfte pikant gefüllte Hefeteigtaschen

Ergibt 4 Portionen

Für den Teig

500 g Weizenmehl Type 405
1 gehäufter TL Trockenhefe
1 TL Zucker
270 ml lauwarmes Wasser

Für die Füllung

300 g Schweinehackfleisch
50 g Chinakohl, feingehackt
2 EL feingehackte Frühlingszwiebel
4 Shiitakepilze, feingehackt
1 TL feingehackter Ingwer
1 Ei
½ TL Zucker
1 TL helle Sojasauce
1 TL dunkle Sojasauce
1 EL Shaoxing-Reiswein
1 TL Austernsauce
1 EL Sesamöl
1 EL Speisestärke
1 Prise Salz
1 Prise Pfeffer
50 ml Wasser

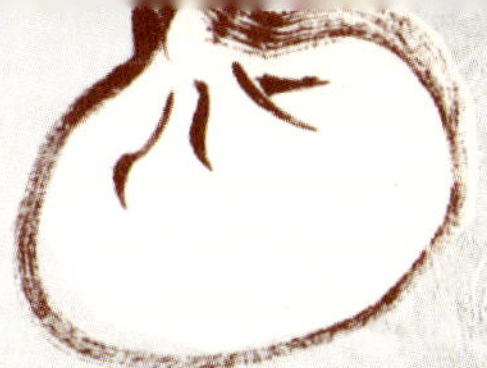

⊕ Weizenmehl mit Wasser, Hefe und Zucker gut vermischen. Mit den Händen zu einem weichen glatten Teig verkneten, in eine Schüssel geben und zugedeckt an einem warmen Ort etwa 2 Std. gehen lassen.

⊕ Während der Teig geht, alle Zutaten für die Füllung, mit Ausnahme des Chinakohls und des Wassers in eine große Schüssel geben, mit Stäbchen oder einer Gabel kräftig in eine Richtung rühren, bis die Masse klebrig wird, das dauert etwa 3 Min. Dann die Hälfte des Wassers untermischen, und kräftig verrühren, danach den Rest des Wassers kräftig unterrühren und zum Schluss den gehackten Chinakohl untermengen.

⊕ Den Teig, der sich etwa verdoppelt haben sollte, noch einmal von Hand durchkneten, bis er nicht mehr klebt und geschmeidig ist. Es ist wichtig, dass der Teig geschmeidig ist.

⊕ Den Teig in 2 Portionen teilen, jeweils eine Rolle von etwa 5 cm Durchmesser formen, und diese jeweils in 8 Stücke teilen. Während des Formens muss der restliche Teig immer mit einem feuchten Tuch abgedeckt werden, damit er nicht austrocknet.

⊕ Die Teigteile mit ein wenig Mehl bestäuben, und mit einem eine Nudelholz in etwa 5 mm dünne Scheiben ausrollen.

⊕ Jeweils 1 gehäuften TL der Fleischfüllung in die Mitte der Scheiben geben, die Teigränder mit den Fingern einer Hand nach oben ziehen und fest zusammendrücken bzw. -drehen, siehe nebenstehende Illustration. Die Füllung darf nicht mehr sichtbar sein. Die Teigtaschen mit jeweils etwa 3 cm Abstand auf einen geölten oder mit Backpapier ausgelegten Teller geben.

⊕ In einem Topf ausreichend Wasser zum Kochen bringen und vom Feuer ziehen. Einen Dampfeinsatz hineinsetzen, den Teller mit den Teigtaschen hineingeben und den Topf mit einen Deckel verschließen.

⊕ Nach etwa 15 Min. den Topf erneut auf das Feuer geben und das Wasser einmal aufkochen lassen. Bei starker Hitze weitere 15 Min. dämpfen lassen.

⊕ Vom Feuer ziehen und 2–3 Min. bei geschlossenem Deckel ruhen lassen. Danach vorsichtig auf Teller verteilen und servieren.

Tipp: Der Chinakohl darf wirklich erst ganz zum Schluss untergemischt werden, weil die Füllung sonst wässrig werden kann. In China werden diese Hefeteigtaschen immer ohne Sauce gegessen, entweder zum Frühstück oder zu Suppen und Nudelgerichten.

白菜粉絲丸子湯

Fleischklößchen mit Pak choi in Brühe

Ergibt 3–4 Portionen

200 g Schweinehackfleisch
1 Ei
250 g Pak choi
50 g chinesische Glasnudeln
1 EL helle Sojasauce
1 TL Sesamöl
1 TL Frühlingszwiebeln, in Röllchen
1 Prise Salz

Für die Mariande
½ TL feingehackter oder geriebener Ingwer
1 TL feingehackte Frühlingszwiebel
1 EL Shaoxing-Reiswein
1 Prise Salz
1 Prise Pfeffer

⊕ Das Hackfleisch mit der Marinade und dem Ei in eine Schüssel geben, mit Stäbchen oder einer Gabel in eine Richtung sehr kräftig rühren, bis die ganze Masse klebrig wird.

⊕ Die Pak choi Blätter vom Stiel trennen, gründlich waschen, große Blätter der Länge nach halbieren.

⊕ In einem Topf 1 l Wasser einmal aufkochen lassen. Die Hackfleischmasse mithilfe von zwei Löffeln zu etwa 3 cm dicken Klößchen formen, ins Wasser geben und bei mittlerer Hitze köcheln lassen, bis alle Klößchen an der Wasseroberfläche schwimmen.

⊕ Währenddessen den Schaum, der sich beim Kochen des Fleisches bildet, mit einer Schaumkelle oder einem feinem Sieb entfernen. Pak choi und Glasnudeln dazugeben. Wenn die Klößchen alle oben schwimmen, die Sojasauce hineinrühren und noch etwa 2 Min. köcheln lassen.

⊕ Mit Salz und Sesamöl abschmecken, auf Schalen verteilen, mit Frühlingszwiebelröllchen bestreuen und mit Reis servieren.

Tipp: Dieses wärmende Gericht schmeckt besonders gut im Winter.

茄夾

Gebackene Lotoswurzeltaler

Ergibt 4 Portionen bzw. 16 Taler

500 g Lotoswurzel (alternativ Auberginen)
300 g Schweinehackfleisch

Für die Marinade
1 TL gehackter Ingwer
1 TL gehackte Frühlingszwiebel
1 TL Salz
1 TL Zucker
2 EL helle Sojasauce
2 EL Shaoxing-Reiswein
1 TL Austernsauce
1 TL Sesamöl
1 Ei
3 EL Wasser

Für den Ausbackteig
40 g Mehl Type 405
1 Prise Salz
1 Ei
Wasser

Für den Dipp
1 EL helle Sojasauce
1 EL dunkler chin. Reisessig
1 TL Chiliöl

⊕ Das Hackfleisch mit der Marinade in eine Schüssel geben, und mit Stäbchen oder einer Gabel kräftig in eine Richtung rühren, bis die ganze Masse klebrig wird.

⊕ Lotoswurzel in etwa ½ cm dicke (runde) Scheiben schneiden.

⊕ Jeweils 1 EL der Hackfleischmasse zwischen zwei Lotoswurzelscheiben geben und diese ein wenig zusammendrücken.

⊕ In einer Schüssel die Zutaten für den Ausbackteig kräftig verrühren.

⊕ Die Saucen für den Dipp in einem Schälchen verrühren.

⊕ In einem Topf ausreichend Öl zum Frittieren erhitzen. Die Lotoswurzeltaler jeweils in den Ausbackteig tauchen, und dann bei mittlerer Hitze etwa 5 Min. frittieren, bis beide Seiten goldbraun aussehen. Sie können soviele Taler auf einmal frittieren, wie an der Oberfläche nebeneinander »schwimmen« können. Mit einer Schaumkelle aus dem Öl heben und auf Küchenpapier abtropfen lassen.

⊕ Die Lotostaler auf einem Teller anrichten, mit feingehackten Frühlingszwiebeln bestreuen und mit Reis sowie mit der Sauce zum Dippen servieren.

Tipp: Während Sie Lotoswurzel oder die Auberginen in Scheiben schneiden, achten Sie darauf, sie beim jeden zweiten Schnitt nicht ganz durchzuschneiden. So wird es später leichter, die Taler zu füllen. Diese Taler passen auch sehr gut als pikanter Snack zu einem Glas Bier.

鷄絲炒面

Gebratene Nudeln mit Huhn und Spitzkohl

Ergibt 2 Portionen

300 g breite trockene oder frische Weizennudeln (ähnlich wie japanische Udon-Nudeln)
180 g Spitzkohl
100 g Hühnerbrustfilet
1 TL feingehackter Knoblauch
2 Shiitakepilze
2 rote Paprikaschoten
3 EL Sojasauce
2 EL Austernsauce
1 TL Sesamöl
1–2 Frühlingszwiebeln

Für die Marinade
1 TL helle Sojasauce
1 TL Shaoxing-Reiswein
¼ TL Zucker
½ TL Speisestärke

⊕ Das Hühnerbrustfilet in feine Streifen schneiden und für etwa 10 Min. in die Marinade geben.

⊕ Shiitakepilze, Spitzkohl und Paprikaschoten putzen und in etwa 1 cm dünne Streifen schneiden. Die Frühlingszwiebeln in Röllchen schneiden.

⊕ In einem Topf ausreichend Wasser einmal aufkochen lassen, und die Nudeln nach Packungsanweisung kochen. Danach mit kaltem Wasser abschrecken und beiseitestellen.

⊕ 3 EL Öl in einer Pfanne bei starker Hitze heiß werden lassen, die Frühlingszwiebelröllchen hineingeben und etwa 20 Sek. anbraten, dann die Hühnerfleischstreifen dazugeben und weiter bei starker Hitze braten, bis sie ganz und gar durchgebraten sind. Erst dann die Shiitakepilze untermischen und weiter pfannenrühren, bis es beginnt zu duften. Die Masse in einer Schüssel beiseitestellen.

⊕ 2 EL Öl in dieselbe Pfanne geben, und den Knoblauch bei mittlerer Hitze anbraten, bis es beginnt zu duften, Paprika und Spitzkohl dazugeben und braten lassen, bis alles weich ist.

⊕ Die Nudeln unterrühren kurz anbraten, mit Sojasauce, Austernsauce und Sesamöl abschmecken. Zum Schluss die gebratene Hühnerfleischmasse wieder zurück in die Pfanne geben und das Ganze gut vermischen.

⊕ Die Nudeln auf Schalen verteilen, mit den restlichen Frühlingszwiebelröllchen bestreuen und sofort servieren.

Tipp: Dies ist ein beliebtes Hauptgericht, dazu wird auch gern noch eine Suppe, etwa Fleischklößchen mit Pak choi in Brühe von S. 42, serviert.

蒸胡蘿卜葉丸子

Dampfklößchen mit Karottengrün

Ergibt 4 Portionen

200 g Möhrengrün
1 EL Knoblauch gehackt
1 EL schwarzer Sesam
1 TL Zucker
¼ TL Salz
1 Prise Pfeffer
50 g Mehl
20 ml Wasser

Für die Dipps
3 EL helle Sojasauce
3 EL Sojaessig
1 EL Sesamöl

Die Möhrengrün waschen, in etwa 2 cm Länge schneiden, danach in einer großen Schüssel mit den Händen mit Salz, Zucker und schwarzem Sesam gut vermischen.

Mehl dazugeben mit den Händen gleichmäßig untermischen.

Das Wasser dazugeben und mit einem Kochlöffel sorgfältig unterrühren. Nun mit feuchten Händen Klößchen von 3 cm Durchmesser formen und auf einen mit Öl bepinselten Teller legen.

Einen Topf mit ausreichend Wasser zum Kochen bringen. Einen Dampfeinsatz hineinsetzen und den Teller mit den Klößchen daraufgeben. Bei starker Hitze etwa 12 Min. zugedeckt dämpfen lassen.

Wenn die Klößchen durch sind, den Teller vorsichtig herausnehmen. Die Saucen und das Sesamöl auf kleine Schälchen verteilen und zu den heißen Klößchen servieren.

Tipp: Möhrengrün schmeckt nicht nur sehr lecker, sondern ist auch gesund, denn es enthält viele Vitamine und Ballaststoffe. Dies ist ein gesunder Snack, der gern im Frühling gegessen wird. Diese Dampfklößchen werden auch gern zum Frühstück serviert oder als Beilage zu Fleisch- und Fischgerichten.

炸醬面

Nudeln mit Hackfleisch in Bohnenpaste

Ergibt 4 Portionen

2 Frühlingszwiebeln
1 Salatgurke
10 Radieschen
Öl zum Braten
400 g Schweinehackfleisch
1 EL gehackter Ingwer
50 ml Shaoxing-Reiswein
1 TL Zucker
250 g gelbe Sojabohnenpaste
50 g süße Sojabohnenpaste
500 g frische oder trockene dünne oder breite Weizennudeln

㊉ Die Frühlingszwiebeln in der Mitte quer halbieren, weiße Teile fein hacken. Die grünen Teile schräg in etwa 4–5 cm lange Stücke schneiden und dann in feine Streifen schneiden. Die Salatgurke und die Radieschen ebenfalls in feine Streifen schneiden. Beiseitestellen.

㊉ In einer Pfanne 5 EL Öl sehr heiß werden lassen. Hackfleisch bei starker Hitze anbraten. Wenn sich die Farbe des Fleischs geändert hat, Ingwer und das Weiße der Frühlingszwiebeln hinzugeben. Weiterbraten, bis es beginnt zu duften.

㊉ Hitze auf mittlere Stärke reduzieren, Kochwein, Zucker und die Bohnenpasten untermischen. Etwa 15 Min. unter ständigem Rühren köcheln lassen.

㊉ Währenddessen die Weizennudeln in einem Topf mit ausreichend Wasser nach Packungsanweisung kochen.

㊉ Wenn die Nudeln gar sind, in einem Sieb mit kaltem Wasser einmal abschrecken, gründlich abtropfen lassen und auf vier Schüsseln verteilen. Jeweils 4–5 EL der Fleischmasse daraufgeben, mit den Gurken- und Radieschenstreifen belegen, die grünen Streifen der Frühlingszwiebeln darüber streuen und sofort servieren.

Tipp: Dies ist ein beliebtes und, durch die Gurkenstreifen, erfrischendes Hauptgericht, dazu wird auch gern noch eine Suppe, etwa die Spinat-Eier-Suppe von S. 56, serviert.

恭賀新禧

Das chinesische Neujahrsfest

Zu meiner eigenen Überraschung sind schon zwanzig Jahre vergangen, seitdem ich nach Deutschland gezogen bin. Und zu meiner zweiten Überraschung ist mir jetzt erst so richtig aufgefallen, dass ich in dieser ganzen Zeit nie zum traditionellen chinesischen Neujahr in meine Heimat geflogen bin. Meine Heimatreisen fanden immer zu Weihnachten und zum »internationalen« Neujahr statt, weil ich wusste, dass die chinesischen Neujahrstage stets das pure Verkehrschaos verursachen …

Inzwischen ist bekannt, dass die Menschen im Reich der Mitte ihr Neujahr etwa einen Monat später als im Westen feiern. Es wird nach dem alten Mondkalender berechnet. Und inzwischen weiß man auch hier, dass ein jedes neues Jahr in China einem bestimmten Tier zugeordnet wird, den traditionellen chinesischen Tierkreiszeichen folgend; so beginnt etwa am 25. Januar 2020 das Jahr der Metall-Ratte. Das Fest geht mit unzähligen Neujahrsdekorationen etwa riesigen Laternen einher – alle in der Farbe Rot, denn sie gilt als Glücksfarbe. Außerdem gibt es gewaltige Feuerwerke (schließlich wurde das Schwarzpulver im 8. Jahrhundert in China erfunden). Allerdings sind die Knallkörper in sehr dicht bewohnten Großstädten mittlerweile verboten.

Was viele vielleicht aber nicht wissen, ist, dass das Neujahrsfest für Chinesen ein riesiges Familientreffen bedeutet, mit großem Festessen, und da diese Tage also »zwingend« mit der Familie gefeiert werden sollen, kehren unzählige Menschen in ihre Heimatorte zurück. »Heimkehren« klingt ja an sich ganz normal, aber China ist so riesig und die von ihren Arbeitsorten in ihre Heimat strömenden Menschen erwecken wahrlich den Eindruck, als finde eine Völkerwanderung statt. Und auch die Chinesen, die im Ausland wohnen, kehren für die Neujahrstage gerne ins Heimatland zurück, das heißt also – noch mehr Chaos. Ich persönlich bin daher zu dieser Zeit lieber in Deutschland geblieben, und habe immer mal wieder mit meinen chinesischen Freunden hier das Neujahrsfest gefeiert. Aber selbstverständlich habe ich mich bei meiner Familie in Wuhan ausführlich gemeldet, weil die chinesischen Neujahrstage ja Familientage sind. Es ist wirklich wichtig, sich zu melden und Neujahrsgrüße an alle auszurichten: Eltern, Großeltern, Onkels, Tanten, Vettern, Kusinen und natürlich an den ganzen erweiterten Verwandtenkreis. Abgesehen von den Neujahrskarten musste das früher fernmündlich geschehen, aber heutzutage geht das alles dank Internet und Videotelefon viel einfacher.

Ich denke, dass gerade die uralten Traditionen der berühmten konfuzianischen Lehre, die auf enge Bindungen zur Familie sehr großen Wert legt, sicherlich eine wichtige Rolle dabei spielen, dass das Neujahr als Familienfest gefeiert wird. Aber anstatt mich mit der epischen Philosophie des großen Meisters zu beschäftigen, beschränke ich mich lieber auf das Thema Essen, denn zu Neujahr muss natürlich fantastisch gegessen werden.

Die wichtigste Mahlzeit gibt es bereits am Vorabend (wie Silvester in Deutschland) des Neujahrstages, und dazu müssen Dutzende von Gerichten frisch zubereitet werden. Hierbei gibt es große regionale Unterschiede im Riesenreich China, was auf den großen runden Esstischen aufgefahren wird: In manchen Gegenden werden typischerweise Jiao-zi, traditionelle chinesische Teigtaschen zubereitet oder Rindfleischsalat oder würzige Lammgerichte, in anderen Gegenden hauptsächlich Fischgerichte – in ganz China aber gehören Klebreiskuchen und Klebreisbällchen dazu. Außerdem werden einzelnen Speisen oder Zutaten gerade beim Neujahrsessen bestimmte Kräfte zugesprochen. Hier einige Beispiele: Jiao-zi stehen für finanziellen Erfolg, beziehungsweise besseres Einkommen, da die Form der Teigtasche der eines Goldstücks ähnelt, das vor langer Zeit in der Tang-Dynastie als Währung verwendet wurde. Bambussprossen stehen für ein friedliches, sicheres Leben, weil Bambus vor der Erfindung von Papier für Briefe verwandt wurde, auf den die Menschen ihre Wünsche schrieben. Und dünne Weizennudeln werden aufgrund ihrer extrem dünnen und länglichen Form als Symbol für eine lange Lebenserwartung betrachtet. Fischgerichte werden besonders in Südchina zubereitet, sind beim chinesischen Neujahr aber in ganz China generell wichtig, denn es gibt einen Spruch, den man zu dieser Zeit oft hört: Niánnián yǒu yú – was etwa »Überfluss über das ganze Jahr« heißt. Weil das Wort yú (Fisch) den gleichen Laut wie das Wort für Überfluss hat, symbolisiert der Fisch also etwas Üppiges beziehungsweise Wohlstand, dessen Quelle für immer sprudelt. Also Neujahrsgerichte werden in China nicht nur als kulinarischer Genuss betrachtet, sondern auch als Glücksbringer im Himmelreich des Essens …

恭賀新禧

菠菜雞蛋湯

Spinat-Eier-Suppe

Ergibt 2 Portionen

100 g Blattspinat
1 Ei
½ TL Ingwer, in dünnen Streifen
1 EL Frühlingszwiebelröllchen
1 l Hühner- oder Gemüsebrühe
1 Prise Salz
1 Prise Pfeffer
2 EL Speisestärke
2 EL Wasser
1 TL Sesamöl

㊉ Den Spinat gründlich waschen und abtropfen, in etwa 5–7 cm Länge schneiden.

㊉ Das Ei in einer Schüssel gründlich verrühren.

㊉ In einem mittelgroßen Topf 1 TL Öl heiß werden lassen, und die Ingwerstreifen sowie die Hälfte der Frühlingszwiebelröllchen bei mittlerer Hitze etwa 20 Sek. anbraten.

㊉ Die Hitze erhöhen, die Brühe angießen und einmal aufkochen lassen. Spinat hineingeben und 1 Min. köcheln lassen.

㊉ Das geschlagene Ei angießen und mit Stäbchen oder einer Gabel schnell in eine Richtung rühren.

㊉ Mit Salz und Pfeffer abschmecken und zum Schluss das Sesamöl dazugeben.

㊉ Auf zwei Schüsseln verteilen, mit Frühlingszwiebelröllchen bestreuen und sofort servieren.

Tipp: Eine dünne Suppe wie diese wird in China immer zum Abschluss des Essen serviert. Alle Suppen, die mehr Einlage haben oder dicker sind, gelten als Hauptgericht. Die dünne Suppe dient am Ende eines Essens dazu, die letzten Reste aus dem Schälchen aufzulöffeln und den Magen zu beruhigen.

酸辣湯

Sauerscharfe Suppe

Ergibt 3–4 Portionen

1 l Hühner- oder Gemüsebrühe
2 Knoblauchzehen, feingehackt
2 Mu-Err Pilze
2 Shiitakepilze
5 Wasserkastanien (TK)
50 g fester Seidentofu
1 Blatt Tofupapier
1 Tomate
1 Ei
1 EL Frühlingszwiebel in Röllchen geschnitten

1 EL helle Sojasauce
1 EL schwarzer Reisessig
1 EL Chiliöl
1 Prise Salz
1 Prise Pfeffer
2 EL Speisestärke
2 EL Wasser

⊕ Die Mu-Err-Pilze in lauwarmen Wasser für etwa 1 Std. einweichen, dann gut ausdrücken.

⊕ Das Tofupapier in kaltem Wasser einweichen, danach in feine Streifen schneiden.

⊕ Pilze und Wasserkastanien in Streifen, Tofu und Tomaten in kleine Würfeln schneiden. Das Ei aufschlagen und gründlich verrühren.

⊕ In einem Wok oder einem Topf 1 EL Öl bei mittlerer Hitze heiß werden lassen, den Knoblauch kurz anbraten, Mu-Err- und Shiitakepilze dazugeben und pfannenrühren.

⊕ Die Hitze erhöhen, die Brühe angießen und aufkochen lassen. Tofu, Tofupapierstreifen, Wasserkastanien- und Tomatenwürfel dazugeben. 3 Min. köcheln lassen. Dabei ständig rühren.

⊕ Sojasauce, Essig und Chiliöl untermischen, Speisestärke und Wasser verrühren, angießen, gründlich unterrühren und kurz köcheln lassen, bis die Masse ein wenig angedickt ist. Dann das verschlagene Ei angießen und mit einem Kochlöffel schnell solange in eine Richtung rühren, bis das Ei Fäden gezogen hat.

⊕ Die Suppe auf Schüsseln verteilen und sofort servieren.

Tipp: Diese Suppe wird in China als Hauptgericht serviert.

江南可采蓮
蓮葉何田田魚戲
蓮葉間
魚戲蓮葉東
魚戲蓮葉西
魚戲蓮葉南魚戲蓮
葉北。

采蓮

排骨蓮藕湯

Kraftbrühe mit Lotoswurzeln

Ergibt 5–6 Portionen

300 g Schälrippchen (Spareribs)
300 g Lotoswurzeln
1 etwa 3–5 cm langes Stück Ingwer
3 Frühlingszwiebeln
2 EL Shaoxing-Reiswein
2 TL Salz
1 Prise Pfeffer

⊕ Die Rippchen auseinanderschneiden.

⊕ Die Lotoswurzeln schälen, in etwa 3 cm dicke Scheiben schneiden. Bei sehr großen Lotoswurzeln kann man sie erst der Länge nach halbieren und dann in halbmondförmige Scheiben schneiden.

⊕ Ingwer mit einem Nudelholz oder ähnlichem klopfen, damit die Fasern brechen.

⊕ Eine Frühlingszwiebel in Röllchen schneiden.

⊕ In einem Topf 2 l Wasser mit 1 EL Kochwein, 1 cm Ingwer und dem Fleisch einmal aufkochen. Danach durch ein Sieb abgießen und mit warmem Wasser gründlich abspülen, damit der Schaum, der sich während des Kochens gebildet hat, entfernt wird. Das Fleisch danach gut abtropfen lassen.

⊕ In einem anderen Topf erneut 2 l Wasser aufkochen, Rippchen, Lotoswurzeln und alle übrige Zutaten, inklusive des restlichen Ingwers, dazugeben, etwa 1 Std. zugedeckt bei schwacher bis mittlerer Hitze ohne zu Rühren köcheln lassen.

⊕ Den Ingwer und die Frühlingszwiebeln aus der Suppe fischen und entsorgen. Die Suppe auf Schalen verteilen, mit Frühlingszwiebelröllchen bestreuen und servieren.

Tipp: Diese kräftige wärmende Suppe wird in China als Hauptgericht, besonders gern im Winter, serviert. Dazu passt natürlich Reis.

鷄湯粉絲

Hühnersuppe mit Shiitakepilzen und Glasnudeln

Ergibt 5–6 Portionen

3–4 Schenkel vom Maishuhn (oder ein ganzes Huhn in Stücke geteilt)
15 Shiitakepilze
150 g chinesische Glasnudeln
1 etwa 5 cm langes Stück Ingwer
3 Frühlingszwiebeln
2 TL Gojibeeren
4 EL Shaoxing-Reiswein
2 TL Salz
1 Prise Pfeffer

⊕ Die Hühnerschenkel waschen und zwischen Ober- und Unterschenkel halbieren.

⊕ Die Shiitakepilze putzen und größere Pilze halbieren, Ingwer mit einem Nudelholz oder ähnlichem klopfen, damit die Fasern brechen.

⊕ Eine Frühlingszwiebel in Röllchen schneiden. Glasnudeln nach Packungsanweisung in kaltem Wasser einweichen lassen.

⊕ In einen Topf 3 l kaltes Wasser geben, die Hühnerschenkel, Kochwein und Ingwer hineingeben und einmal aufkochen lassen, dabei den Schaum, der sich beim Kochen bildet, mit einer Schaumkelle oder einem feinem Sieb abschöpfen.

⊕ 2 Frühlingszwiebeln miteinander verknoten (dadurch lassen sie sich später einfacher entsorgen) und zusammen mit den Shiitakepilzen und Salz in den Topf geben. Etwa 1 Std. zugedeckt bei schwacher bis mittlerer Hitze köcheln lassen, dabei nicht rühren. Danach Ingwer und die verknoteten Frühlingszwiebeln entfernen.

⊕ Die eingeweichten Glasnudeln und Gojibeeren in die Suppe geben, bei schwacher Hitze noch 2–3 Min. köcheln lassen und mit Pfeffer abschmecken.

⊕ Die Suppe auf Schalen verteilen, mit Frühlingszwiebelröllchen bestreuen und servieren.

Tipp: Diese leichte elegante Suppe wird in China ganzjährig als Hauptgericht serviert.

愛蓮說

Die Symbolik der Lotoswurzel

Meine Heimatstadt Wuhan ist die Hauptstadt der Provinz Hubei, durch die der riesige Jangtse-Fluss fließt. In China ist die Provinz auch bekannt als »Das Land der tausend Seen«. Im Sommer wird es dort sehr warm und feucht – große Mengen an Wasser verdampfen unter der sengenden Hitze, und die schwüle Luft macht den Menschen zu schaffen. Doch gerade dieses Klima, das für Menschen nur schwerlich zu ertragen ist, sorgt für optimale Lebensbedingungen für Lotosblumen.

Gegenüber meinem Elternhaus ist ein Park, in dem ein großer See liegt. Entlang des Seeufers haben sich Sumpfgebiete gebildet, in denen der Lotos reichlich wächst. Sein großes Revier, das sich manchmal sogar über zwanzig Meter erstreckt, erweckt den Eindruck, als ob diese seltsame Pflanze irgendwann den ganzen See erobern möchte. Ihre dunkelgrünen Blätter können über einen halben Meter groß werden, die Stiele wachsen fast zwei Meter hoch, und jede einzelne ihrer rosa-weißen Blüten ist ähnlich groß wie eine Bratpfanne. Alleine eine Samenkapsel kann die Größe einer Müslischlüssel erreichen.

Aber der Lotos macht nicht nur durch seine Größe auf sich aufmerksam, sondern auch durch seine Eigenschaften: Seine Blätter lassen das Wasser abperlen, sodass sie immer sauber sind. Seine Wurzeln liegen zwar im Schlamm, doch seine Blüten sind wunderschön. Dies hat wohl dazu beigetragen, dass er im asiatischen Kulturraum oft die Erleuchtung, das Wissen, die Reinheit (und etliches mehr) versinnbildlicht. Vor allem ist der Buddhismus stark von dieser Symbolik geprägt, sodass man bis heute unzählige Buddha-Figuren sieht, die auf Podesten aus Lotosblüten thronen oder stehen.

Der Lotos wächst zwar in der gemäßigten Zone, aber die Kraft seines Wachstums ist so enorm und wild, als wäre er eine tropische Pflanze. Wohl deshalb handelt ein altes chinesisches Märchen von einer Gottheit in Gestalt eines Jungen, dessen Körper daoistische Alchimisten angeblich wiederauferstehen ließen. Die Legende geht so: Nach dem frühen Tod dieses Jungen erschufen die Dao-Meister einen neuen Körper für ihn – die Arme und die Beine aus Lotoswurzeln, ein Gewand aus Lotosblättern als Oberkörper und einen Rock aus Lotosblüten als Unterkörper. Danach hauchten sie die Seele des Jungen in den Körper ein, sodass er nun voller Lebensenergie wiederauferstehen konnte und sich gleich – ganz junger kraftstrotzender Mann – mit einem Speer und einem

可遠觀而不可褻玩焉。

langen Seidentuch bewaffnet in den Kampf warf: Er rührte das ganze Meer trüb und stürzte die Bewohner eines Drachenpalastes ins Chaos, ganz so, wie es die Helden vieler Legenden zu tun pflegen. Das Besondere an diesem Jüngling ist aber, dass sein Lotoskörper nicht altert; er verkörpert somit auch die ewige Jugend, die immer schön und rein bleibt. Und Schönheit und Reinheit passen natürlich wunderbar zur Lotos-Symbolik.

Die Symbolik des Lotos ist hochinteressant, aber von Mythen und Sagen wird man nicht satt. Großartigerweise birgt der Lotos auch kulinarische Eigenschaften. So können seine Samen für die Zubereitung von Süßspeisen verwendet werden. Seine Wurzeln, die im dicken Schlamm unter Wasser stecken, sind im Herbst reif. Sie werden dann ausgegraben, gründlich gewaschen und immer wieder gerne als chinesisches Traditionsgemüse gegessen. Es gibt blass-rosafarbene Lotoswurzeln, die zu Suppengerichten hinzugefügt werden, und welche, die seidenweiß sind und sich gut braten oder frittieren lassen. Der Unterschied zwischen den beiden ist etwa wie zwischen mehlig- und festkochenden Kartoffeln.

Lotoswurzeln sind in Europa wenig bekannt, werden in China jedoch täglich gegessen. Sie sehen wegen ihres natürlichen Lochmusters hübsch und interessant aus, enthalten viele Ballaststoffe und lassen sich vielseitig zubereiten. Bei den Lochmustern in Lotoswurzelscheiben muss ich immer an Fernrohre denken, durch die man die kulinarische Vielfalt des Himmelreichs erblicken kann, oder ich stelle mir vor, sie wären die Räder einer Kutsche, mit der man dorthin hinauffahren könnte … Und wenn man dann hinunterblickt, sieht man vielleicht einen See voller Lotosblumen in einem Stadtpark in Wuhan.

Vegetarisches

韭菜與熊蔥

Schnittknoblauch – ein grüner Held der chinesischen Küche

Schnittknoblauch (Allium tuberosum) ist in Deutschland offenbar noch nicht so bekannt. Ich habe zwar auf einem Markt schon mal Schnittknoblauch-Saat gefunden, doch mir scheint, dass eher wenige Menschen ihn kennen, was ich eigentlich immer noch etwas schade finde. Es gibt andere Kräuter, die in Deutschland weit verbreitet sind und ähnlich duften und schmecken, so zum Beispiel der Bärlauch. Doch im Gegensatz zum Bärlauch, der im Frühling geerntet wird, kann der Schnittknoblauch fast das ganze Jahr über gesammelt werden. Er wird ungefähr drei Zentimeter über der Erde mit einem Messer oder einer Schere abgetrennt, so wächst er schnell wieder nach. Besonders im Sommer kann man so oft Schnittknoblauch ernten, wie man Rasen mähen würde. Und bei jeder Ernte kann man sich über seine dicken saftigen Blätter freuen.

Eines warmen Frühlingstages, als ich sieben oder acht Jahre alt war, haben meine Eltern und ich einen Ausflug in einen Vorort meiner Heimatstadt Wuhan gemacht. Es war ein endlos großes, wildes Ackerland. Auf den ersten Blick konnte ich viele Wildblumen und -kräuter entdecken, darunter auch Schnittknoblauch. Kaum, dass ich ein Büschel gepflückt hatte, entdeckte ich schon das nächste. Eine schöne Überraschung, dass es so viel davon gab. Vornübergebeugt suchte ich eifrig immer weiter und weiter und erschrak dabei Frösche und Grillen. Und schließlich auch meine Eltern, als sie merkten, dass ich plötzlich nur noch ein winziges Pünktchen in der weiten Landschaft geworden war. Ich sammelte an diesem Tag unendlich viel Schnittknoblauch und frage mich jetzt, nach all den Jahren, wie ich es damals geschafft habe, mit so einem großen Grünzeug-Bündel über den Acker zu laufen.

Zurück in der Stadt teilten wir die Ernte mit unseren begeisterten Freunden. Kein Wunder, dass sie sich freuten, denn Schnittknoblauch wird in der chinesischen Küche sehr vielseitig eingesetzt: zu gebratenen Eiern, als Pfannkuchen- und Teigtaschenfüllung, zu Suppen oder Meeresfrüchten. Für Gerichte mit Schnittknoblauch braucht man nur wenige zusätzliche Gewürze, da er allein schon einen kräftigen Geschmack hat. Sein Geruch ist so charakteristisch, dass

man ihn immer sofort erkennt. Andererseits würden manche Leute ihn vielleicht gerade wegen seines starken Aromas meiden. Das wäre schade, denn der in Knoblauch (und in Schnittknoblauch) enthaltene Stoff Allicin, der auch für den Knoblauchgeruch verantwortlich ist, ist unheimlich gesund. In China ist er bekannt dafür, dass er schädliche Bakterien, Viren und Pilze bekämpft und zu einem ausgeglichenen Blutdruck beiträgt. Außerdem stecken in Schnittknoblauch viele Vitamine und Mineralien. Wer sich also für eine gesunde Ernährung interessiert, sollte ihn keineswegs außer Acht lassen. Und glücklicherweise ist der Nachgeruch, den er hinterlässt, längst nicht so stark wie der von Knoblauch!

Zusammenfassend würde ich sagen, dass der Schnittknoblauch, auch bekannt als chinesischer Knoblauch oder Knoblauch-Schnittlauch, ein großartiger grüner Held im Himmelreich des Essens ist, den man buchstäblich in den Himmel loben könnte, und dem ich in diesem Buch besondere Anerkennung zollen möchte. Nicht zuletzt verbunden mit der Hoffnung, dass er sich auch in Deutschland bald größerer Bekanntheit erfreut.

韭菜鷄蛋

Eier mit Schnittknoblauch

Ergibt 2 Portionen

300 g Schnittknoblauch
3 Eier
½ TL Zucker
1 Prise Salz
2 EL helle Sojasauce
4 EL Pflanzenöl

㊥ Schnittknoblauch waschen und in etwa 5 cm lange Streifen schneiden.

㊥ Die Eier in einer Schüssel kräftig schlagen, bis die Masse ein wenig schäumt, dann den Zucker sorgfältig hineinrühren.

㊥ 3 EL Öl in einer Pfanne bei starker Hitze heiß werden lassen, die Eimasse hineingießen und mit einem Kochlöffel schnell rühren, bis die Masse fest geworden ist. Aus der Pfanne kippen, mit dem Kochlöffel in mundgerechte Stücke zerkleinern und beiseitestellen.

㊥ 1 EL Öl in derselben Pfanne bei starker Hitze heiß werden lassen, Schnittknoblauch hineingeben und etwa 30 Sekunden schnell pfannenrühren. Wenn die Stengel ein wenig weich geworden sind, die gebratenen Eier dazugeben, Sojasauce gut angießen und gut unterrühren, mit Salz abschmecken und sofort servieren.

Tipp: Diese Hauptspeise wird natürlich mit Reis serviert und passt, gerade für Vegetarier, gut zu einem der vegetarischen Gemüserezepte wie etwa dem gebratenen Tofu von Seite 84.

酸辣藕丁

Gebratene Lotoswurzeln sauerscharf

Ergibt 2–3 Portionen

300 g Lotoswurzeln
3–4 Bratpaprika (Pimiento)
1 TL Knoblauch, in Scheiben geschnitten
1 TL Ingwer, in Scheiben geschnitten
2 scharf eingelegte Pfefferoni, in Ringe geschnitten
1 Frühlingszwiebel, weiße Teile schräg in Scheiben, grüne Teile in Ringe geschnitten
1 EL helle Sojasauce
1 EL heller Reisessig
1 EL Zucker
½ TL Salz

㊉ Die Lotoswurzeln schälen und in etwa 1,5 cm große Würfel schneiden.

㊉ Die Bratpaprika in mundgerechte Stücke schneiden.

㊉ In einem Topf ausreichend Wasser zum Kochen bringen, die Lotoswurzeln etwa 2 Min. kochen und mit einem Sieb abtropfen lassen.

㊉ In einer Pfanne 2 EL Öl bei mittlerer Hitze heiß werden lassen, Knoblauch, Ingwer, die weißen Teile der Frühlingszwiebel und die Pfefferoniringe anbraten, bis es beginnt zu duften.

㊉ Die Lotoswurzel- und Bratpaprikastücke in die Pfanne geben, bei starker Hitze etwa 1 Min. pfannenrühren. Danach Salz, Zucker, Sojasoße unterrühren. Bei mittlerer Hitze weitere 2 Min. braten. Zum Schluss Reisessig hineinrühren, und das Ganze einmal aufkochen, bis die Soße angedickt ist.

㊉ Auf einem Teller anrichten, mit Frühlingszwiebelröllchen bestreuen und sofort servieren.

Tipp: Die kleinen Peperoni, auch Pfefferoni oder Peperone genannt, gibt es in jedem Supermarkt, aber auch in jedem Asialaden zu kaufen.

杏鮑菇炒荷蘭豆

Gebratene Zuckerschoten mit Kräuterseitlingen

Ergibt 2 Portionen

200 g Zuckerschoten
100 g Kräuterseitlinge o. Shiitakepilze
1 rote Paprikaschote
1 TL gehackter Knoblauch
1 Frühlingszwiebel
2 EL Öl zum Braten

1 TL Salz
1 TL Zucker
1 EL helle Sojasauce
1 TL vegetarische Austernsauce

⊕ 1 l Wasser in einem Topf aufkochen lassen, die geputzten Zuckerschoten 2 Min. im kochenden Wasser blanchieren, durch ein Sieb abgießen, unter sehr kaltem Wasser abschrecken und abtropfen lassen.

⊕ Pilze sowie Paprikaschote putzen und in mundgerechte Scheiben schneiden. Frühlingszwiebel putzen, den grünen Teil in Röllchen schneiden und den weißen grobhacken.

⊕ Öl in einer Pfanne bei starker Hitze heiß werden lassen, Knoblauch und das Weiße der Frühlingszwiebel hineingeben. Wenn es beginnt zu duften, die Pilzscheiben dazugeben. Wenn sie etwas weich geworden sind, Zuckerschote und Paprika hinzufügen und alles gut miteinander vermengen. Die übrigen Gewürze unterrühren und weitere 3–4 Min. anbraten.

⊕ Auf einen Teller geben, mit Frühlingszwiebelröllchen bestreuen und zu Reis servieren.

Tipp: Sehr zarte Zuckerschoten müssen nicht extra blanchiert, dafür aber ein wenig länger gebraten werden. Wie bei vielen Bohnensorten sind auch nicht ausreichend gegarte Zuckerschoten giftig.

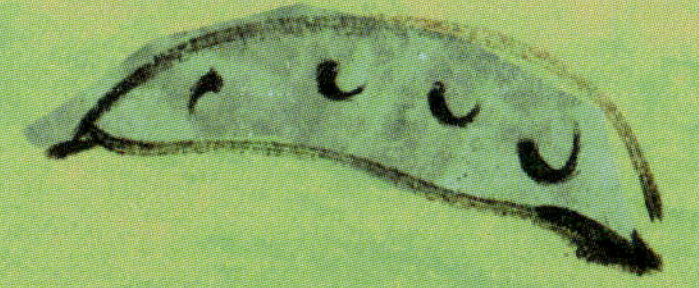

豆豉西蘭花

Brokkoli mit schwarzen fermentierten Sojabohnen

Ergibt 4 Portionen

400 g Brokkoli
½ Karotte
1 EL schwarze fermentierte Sojabohnen, grobgehackt
1 TL Knoblauch, in dünnen Scheiben
1 EL helle Sojasauce
1 TL Zucker
1 Prise Salz

⊕ Den Brokkoli putzen und in mundgerechte Stücke schneiden. Karotten schälen und in etwa 1 cm kleine Würfel schneiden.

⊕ In einem Topf ausreichend Wasser zum Kochen bringen, Brokkoliröschen und Karottenwürfel hineingeben, einmal aufkochen lassen, dann bei mittlerer Hitze etwa 2 Min. weiterkochen. Durch ein Sieb abgießen, das Gemüse mit kaltem Wasser abschrecken und abtropfen lassen.

⊕ 3 EL Öl in einer Pfanne bei mittlerer Hitze heiß werden lassen, die Knoblauchscheiben hineingeben und anbraten. Die gehackten schwarzen Sojabohnen dazugeben und weitere 30 Sek. braten.

⊕ Brokkoli und Karotte dazugeben, Hitze erhöhen und 2 Min. pfannenrühren.

⊕ Sojasauce und Zucker unterrühren und weitere 2 Min. pfannenrühren.

⊕ Mit Salz abschmecken und sofort mit Reis servieren.

Tipp: Der Duft von schwarzen fermentierten Sojabohnen erinnert ungekocht ein wenig an starke pfeffrige Vanilleschoten. Doch schon nach sehr kurzer Kochzeit ist das Aroma viel feiner und milder, die Sojabohnen sind dann ganz leicht scharf, sauer, salzig und süß zugleich. Sie verleihen den Speisen ein wirklich unverwechselbares Aroma. Wer sie einmal probiert hat, möchte sie nicht mehr missen.

苦瓜炒鷄蛋

Bittermelone mit Eiern und schwarzen fermentierten Sojabohnen

Ergibt 3–4 Portionen

500 g Bittermelone (frisch aus dem Asialaden)
3 Eier
1 EL schwarze fermentierte Sojabohnen
1 TL gehackter Knoblauch
1 TL Zucker
½ TL Salz
1 TL helle Sojasauce
1 Prise Pfeffer

㊉ Die Bittermelone waschen, der Länge nach spalten, die Kerne entfernen und in feine Scheiben schneiden.

㊉ In einem Topf Wasser zum Kochen bringen, die Bittermelonenscheiben etwa 3 Min. blanchieren, durch ein Sieb abgießen, mit kaltem Wasser abschrecken und abtropfen lassen.

㊉ Eier mit Zucker schaumig schlagen. 3 EL Öl in einer Pfanne bei starker Hitze heiß werden lassen, die Eier dazugeben und schnell rühren. Wenn sie fest geworden sind, an den Pfannenrand schieben.

㊉ In der Pfanne erneut 1 EL Öl bei mittlerer Hitze heiß werden lassen, schwarze Sojabohnen und Knoblauch kurz anbraten, die Bittermelonenscheiben dazugeben und pfannenrühren, bis sie heiß sind, dann mit der Eimasse mischen. Zum Schluss mit Sojasauce, Salz und Pfeffer abschmecken.

㊉ Auf einen Teller geben und sofort mit Reis servieren.

Tipp: Die Bittermelone, auch Bittergurke genannt, ist ein Kürbisgewächs, das besonders im asiatischen Raum beliebt ist.

芹菜香幹

Gebratener Staudensellerie mit Räuchertofu

Ergibt 4 Portionen

200 g Staudensellerie
60 g Räuchertofu
½ TL gehackter Knoblauch
1 EL helle Sojasauce
½ TL Zucker
1 Prise Salz
1 Prise Pfeffer

⊕ Den Sellerie putzen und schräg in dünne Scheiben schneiden. Tofu in Streifen 5 x 1 cm groß und ½ cm dünne Streifen schneiden. Wenn die Streifen dicker geschnitten sind, kann der Sellerie vorher auch 2 Min. blanchiert werden. Gut abtropfen lassen danach.

⊕ 2 EL Öl in einer Pfanne bei mittlerer Hitze heiß werden lassen, den Knoblauch hineingeben und kurz anbraten, dann die Tofustreifen dazugeben und braten, bis eine Seite leicht braun sind, sie danach wenden und leicht pfannenrühren.

⊕ Hitze höher stellen, die Selleriescheiben dazugeben und schnell pfannenrühren. Sojasauce und Zucker untermischen und weiter 2 Min. pfannenrühren.

⊕ Zum Schluss mit Salz und Pfeffer abschmecken und zu Reis servieren.

耗油小白菜

Pak choi in Austernsauce

Ergibt 4 Portionen

300 g Pak choi
2 Knoblauchzehen, gehackt
1 TL Zucker
1 EL vegetarische Austernsauce
1 TL helle Sojasauce

㊥ Pak choi putzen, große Blätter der Länge nach halbieren. In einem Topf mit kochendem Wasser 1 Min. blanchieren, mit kaltem Wasser abschrecken und in einem Sieb abtropfen lassen.

㊥ 2 EL Öl in einer Pfanne bei mittlerer Hitze heiß werden lassen, Knoblauch leicht anbraten, bis es beginnt zu duften.

㊥ Den Pak choi dazugeben, 1 Min. schnell pfannenrühren. Danach mit Zucker, Austernsauce und Sojasauce abschmecken. Das Ganze noch etwa 2 Min. köcheln lassen. Auf Schalen verteilen und sofort zu Reis servieren.

拍黄瓜

»Geprügelter« Gurkensalat

Ergibt 4 Portionen

1 Salatgurke
1 TL gehackter Knoblauch
½ getrocknete kleine Chilischote, in Röllchen geschnitten
1 EL Sojasauce
1 EL Essig
1 TL Zucker
1 TL Sesamöl
Salz
1 Frühlingszwiebel, feingehackt

⊕ Die Gurke gründlich waschen und dann mit einem Stock oder Nudelholz kräftig schlagen. Danach der Länge nach vierteln und in mundgerechte Stücke schneiden.

⊕ Die Stücke in einer Schüssel mit Sojasauce, Essig, Zucker und Sesamöl schnell vermischen, mit Salz abschmecken und das Ganze in eine Salatschüssel geben.

⊕ Knoblauch und Chiliröllchen in 1 EL Öl leicht anbraten und darüber geben.

⊕ Mit feingehackter Frühlingszwiebel bestreuen und als Beilage zu Fleisch- oder Fischgerichten servieren.

Tipp: In China gelten Gurken als ideal für heißes Wetter und scharfe Speisen. Durch das Prügeln oder Zertrümmern, eine klassische chinesische Technik, wird die Haut gesprengt, die Samen werden freigesetzt und das Fruchtfleisch erhält eine gute Textur.

芹菜腰果

Staudensellerie mit Cashewnüssen

Ergibt 2 Portionen

200 g Staudensellerie
80 g Cashewnüsse
½ TL Zucker
1 Prise Salz
1 Prise Pfeffer

㊥ Den Sellerie putzen, schräg in etwa 1 cm dünne Scheiben schneiden.

㊥ 2 EL Öl in einer Pfanne bei geringer Hitze heiß werden lassen, Cashewnüsse hineingeben und langsam braten, bis sie goldbraun sind, dabei mehrmals wenden. Danach mit einem Sieb aus der Pfanne heben und abkühlen lassen.

㊥ Hitze erhöhen, und die Selleriescheiben mit dem übrigem Öl in die Pfanne geben, schnell anbraten und etwa 1 Min. pfannenrühren, Zucker untermischen und 1 Min. weiter pfannenrühren, dann die Cashewnüsse dazugeben, sorgfältig unterrühren, mit Salz und Pfeffer abschmecken und zu Reis servieren.

对动物有镇静作
菜是高纤维食物
素或肠内脂的物
国产生的致癌物质
的接触，达到预防
菜含铁量较高，能补
食之能避免皮肤苍
是辅助治疗高血
患者亦有辅助治疗作
菜的叶、茎含有挥发
降血糖作用。经常吃
痛风有较好效果。
菜含有锌元素，
夫妻菜"，曾被古希
高
度时可抑制肠
的运转时间，减少致
。
缺铁性贫血患者的佳
于血管硬化，神经
能增强人的食欲。芹菜汁
及体内的酸性物质，对
人的性兴奋
一项研究发现，常吃芹菜

芹菜原产地中海沿岸，
分地区。河北宣
可食部分较少。
质脆嫩，可食
芹菜的品质要求
虫伤、色泽
营养价值
菜的平肝降压作用
明对兔、犬静脉
期高血压均有效。
芹菜子中分离出的一种
的作用，有利于
年生草本
分布广泛，产于全国
色，纤维较粗，香
实心，香味较淡
性的降压成分，动物实
对于原发性、妊娠性及
作用，对人体能起

酸辣土豆絲

Gebratene Kartoffelstreifen süßsauer

Ergibt 2 Portionen

400 g festkochende Kartoffeln
2 TL Knoblauch, in Scheiben geschnitten
1 getrocknete kleine Chilischote, in Röllchen geschnitten
1 Frühlingszwiebel, in Röllchen
⅓ TL Salz
¼ TL Zucker
1 TL helle Sojasauce
1 TL heller Reisessig

⊕ Kartoffeln schälen, in etwa 10 cm lange, möglichst feine Streifen von 2 x ½ cm Breite und 5 cm Länge schneiden. Mehrmals in kaltem Wasser waschen, damit die Stärke ausgespült wird, dadurch werden sie knuspriger.

⊕ In einem Topf ausreichend Wasser zum Kochen bringen, die Kartoffelstreifen hineingeben, etwa 1–2 Min. blanchieren und durch ein Sieb abgießen.

⊕ 2 EL Öl in einer Pfanne bei mittlerer Hitze heiß werden lassen, Knoblauch und Chili leicht anbraten, bis es beginnt zu duften. Die Kartoffelstreifen dazugeben, bei starker Hitze etwa 1 Min. pfannenrühren. Danach Salz, Zucker, Sojasauce untermischen und 1 Min. weiterrühren. Danach den Reisessig unterrühren und zum Schluss die Frühlingszwiebelröllchen dazugeben und 1 Min. weiterbraten.

⊕ Auf einem Teller anrichten und zu Reis servieren.

手撕包菜

Gebratener Spitzkohl

Ergibt 2 Portionen

½ Spitzkohl (etwa 300 g)
3–4 getrocknete kleine rote Chilischoten
3 Knoblauchzehen, in Scheiben geschnitten
1 Frühlingszwiebel, in Röllchen geschnitten
1 TL dunkler Reisessig
1 TL helle Sojasauce
1 TL vegetarische Austernsauce
1 TL Salz
1 TL Zucker
3 EL Öl zum Braten

⊕ Die Chilischoten in Röllchen von etwa 1 cm Dicke schneiden.

⊕ Den Spitzkohl putzen, gut abtrocknen lassen, und die Blätter in etwa 5 x 5 cm große Stücke reißen.

⊕ 3 EL Öl in einer Pfanne bei mittlerer Hitze heiß werden lassen, Knoblauch und Chili leicht anbraten, bis es beginnt zu duften.

⊕ Spitzkohl in die Pfanne geben, schnell anbraten, bis er etwas weich und durchsichtig aussieht. Essig, Sojasauce und Austernsauce nach und nach unterrühren. Und mit Zucker und Salz abschmecken.

⊕ Auf einen Teller geben, mit Frühlingszwiebelröllchen bestreuen und heiß als Beilage zu Fleisch- und Fischgerichten servieren.

Tipp: Von Hand gerissener Spitzkohl schmeckt besser als mit dem Messer geschnittener. Und wenn Sie den Essig um den Rand der Pfanne hineingießen, gibt es ein noch besseres Aroma, als wenn sie ihn direkt auf das Gemüse gießen. Das Gericht sollte bei starker Hitze relativ schnell zubereitet werden, damit kein Wasser aus dem Spitzkohl tritt.

香菇冬筍

Gebratene Shiitakepilze mit Bambussprossen

Ergibt 2 Portionen

150 g Shiitakepilze
50 g Bambussprossen
1 TL Knoblauch in Scheiben
1 EL Frühlingszwiebelröllchen
1 TL Zucker
4 EL helle Sojasauce
1 EL Sesamöl
1 EL Speisestärke
2 EL Wasser

⊕ Die Shiitakepilze und Bambussprossen in Scheiben schneiden.

⊕ 3 EL Öl in einer Pfanne bei starker Hitze heiß werden lassen, Knoblauch, und die Hälfte der Frühlingszwiebelröllchen kurz anbraten. Wenn es beginnt zu duften, Bambussprossenscheiben dazugeben und etwa 1 Min. pfannenrühren, bis sie von beiden Seiten angebraten sind. Danach Shiitakepilze dazugeben, Sojasauce, Zucker und 100 ml Wasser untermischen. Das Ganze zugedeckt etwa 10 Min. bei mittlerer Hitze köcheln lassen.

⊕ Wenn die Hälfte der Flüssigkeit verdampft ist, müssten die Shiitakepilze weich sein. Dann Speisestärke und Wasser verrühren und unterrühren.

⊕ Sobald die Sauce angedickt ist, Sesamöl dazugeben. Das Gericht auf einen Teller geben, mit Frühlingszwiebelröllchen dekorieren und zu Reis servieren.

香煎豆腐

Gebratener duftender Tofu

Ergibt 2 Portionen

1 Stück fester Tofu (etwa 300 g)
2 Eier
2 bunte Paprikaschoten
2 Mu-Err-Pilze
2 kleine Peperoni, in Röllchen geschnitten
1 EL fermentierte schwarze Sojabohnen, feingehackt
1 EL helle Sojasauce
1 TL dunkle Sojasauce
½ TL Zucker
1 TL Speisestärke
2 EL Wasser
2 EL Frühlingszwiebelröllchen

⊕ Die Mu-Err-Pilze in lauwarmem Wasser mit 1 Prise Salz 1 Std. einweichen, dann gut ausdrücken.

⊕ Tofu in etwa 5 x 5 cm, ½ cm dicke Scheiben schneiden. Paprika in mundgerechte Stücke schneiden. Mu-Err-Pilze in Streifen schneiden.

⊕ Die Eier in einer Schüssel kräftig schlagen, bis die Masse ein wenig schäumt.

⊕ 3 EL Öl in einer Pfanne bei starker Hitze heiß werden lassen, Tofustücke kurz in die Eimasse tauchen und dann in der Pfanne braten, bis eine Seite goldbraun geworden ist, wenden und weiterbraten, bis beide Seiten goldbraun sind.

⊕ 2 EL Öl in einer anderen Pfanne bei starker Hitze heiß werden lassen, Peperoniröllchen und gehackte schwarze Sojabohnen kurz anbraten, bis es beginnt zu duften. Paprika und Mu-Err-Pilze dazugeben und pfannenrühren.

⊕ Hitze auf mittlere Stärke reduzieren. Die gebratenen Tofuscheiben in die Pfanne geben, Sojasauce und Zucker untermischen, vorsichtig pfannenrühren, damit der Tofu seine Form behält, etwa 2 Min. köcheln lassen.

⊕ Speisestärke und Wasser vermischen und dazugeben. Das Ganze noch kurz köcheln lassen, um die Soße zu binden, und vorsichtig rühren, damit alle Tofustücke von Sauce ummantelt werden. Auf einen Teller geben, mit Frühlingszwiebelröllchen bestreuen und sofort zu Reis servieren.

蒜茸生菜

Gebratener Römersalat mit Knoblauch

Ergibt 2 Portionen

2 Römersalatherzen (etwa 250 g)
1 TL gehackter Knoblauch
1 TL Frühlingszwiebelröllchen
½ TL Zucker
1 TL helle Sojasauce
1 TL vegetarische Austernsauce
1 Prise Salz

㊉ Römersalatherzen waschen, gut abtropfen lassen und in etwa 5 cm große Stücke schneiden.

㊉ 2 EL Öl in einer Pfanne bei mittlerer Hitze heiß werden lassen, Knoblauch und die Hälfte der Frühlingszwiebelröllchen anbraten, bis es beginnt zu duften.

㊉ Hitze höher stellen, Römersalatherzen dazugeben, schnell pfannenrühren, bis die Blätter etwas weicher werden.

㊉ Zucker, Sojasauce, Austernsauce unterrühren und weitere 30 Sek. braten. Mit Salz abschmecken.

㊉ Auf einen Teller geben, mit den übrigen Frühlingszwiebelröllchen bestreuen und als Beilage zu Fleisch- und Fischgerichten mit Reis servieren.

Tipp: Der ganze Prozess muss mit starker Hitze und schnellem Pfannenrühren eher kurz und zügig erfolgen, sonst tritt Wasser aus den Salatblättern aus. Statt Römersalat können Sie auch Eisbergsalat nehmen.

蒜茸蒸茄子

Gedämpfte Auberginen in Knoblauchsauce

Ergibt 3 Portionen

500 g Aubergine
2 EL gehackter Knoblauch
8–10 Sichuanpfefferkörner
2 EL Sesamöl
½ TL Salz
2 TL Frühlingszwiebelröllchen

Für die Sauce
2 TL Zucker
2 TL helle Sojasauce
2 TL schwarzer Reisessig

⊕ Die Auberginen der Länge nach halbieren, danach in halbmondförmige Scheiben von 1 cm Dicke schneiden. Etwa 1 l kaltes Wasser in einer Schüssel mit ½ TL Salz verrühren und die Auberginenscheiben hineingeben.

⊕ Die Scheiben nach etwa 5 Min. aus dem Salzwasser nehmen und abtropfen lassen. Sie werden nun flach, dabei leicht überlappend auf einen Teller gelegt. In einem Topf ausreichend Wasser zum Kochen bringen. Einen Dampfeinsatz auf den Topf setzen und dann den Teller mit den Auberginen hineingeben und zugedeckt bei mittlerer Hitze etwa 10 Min. dämpfen lassen.

⊕ Während des Dämpfens in einer Schüssel Sojasauce, Essig, Zucker gut verrühren.

⊕ 2 EL Sesamöl in eine sehr heiße Pfanne geben, die Sichuanpfefferkörner ganz kurz darin anbraten, bis es beginnt zu duften. Die Pfanne vom Feuer nehmen und Pfefferkörner sofort herausheben, stattdessen den gehackten Knoblauch hineingeben und schnell rühren, bis der Knoblauch gerade Farbe nimmt. Sofort aus der Pfanne heben.

⊕ Den Teller mit den gedämpften Auberginen vorsichtig aus dem Dämpfeinsatz nehmen. Die Flüssigkeit, die sich auf dem Teller gebildet hat, abgießen. Die Auberginenscheiben mit der Sauce begießen und zum Schluss den gerösteten Knoblauch daraufgeben.

⊕ Mit Frühlingszwiebelröllchen bestreuen und sofort zu Reis servieren.

虎皮青椒

Tigerhaut-Bratpaprika

Ergibt 2 Portionen

250 g grüne Bratpaprika (Pimiento)
2 TL feingehackter Knoblauch
1–2 Frühlingszwiebeln, in Röllchen geschnitten
1 TL gerösteter Sesam

Für die Sauce
1 TL Salz
½ TL Zucker
1 EL helle Sojasauce
1 TL Essig

⊕ Die Bratpaprika waschen, die Spitze der Stiele entfernen, ansonsten ganz lassen.

⊕ In einer Schüssel alle Saucenzutaten kräftig verrühren und beiseitestellen.

⊕ 3 EL Öl in einer Pfanne bei mittlerer Hitze heiß werden lassen, und die Bratpaprika von allen Seiten in etwa 5 Min. braten, bis Bratstreifen auf der Oberfläche zu sehen ist.

⊕ Wenn die Bratpaprika gar sind, mit einem Kochlöffel zur Seite schieben, den gehackten Knoblauch in die Pfanne geben und braten, bis es beginnt zu duften. Danach Sauce dazugeben und alles pfannenrühren, bis die Sauce angedickt geworden ist.

⊕ Mit Frühlingszwiebelröllchen und Sesam bestreuen und zu Reis servieren.

Tipp: Dieses Gericht mit seinem sehr kräftigen Eigengeschmack eignet sich nicht nur für Vegetarier als deftige Hauptspeise.

松仁玉米

Mais mit Pinienkernen

Ergibt 2–3 Portionen

300 g Maiskörner (TK)
100 g Pinienkerne
2 bunte Paprikaschoten
1–2 Frühlingszwiebeln
2 TL Salz
1 TL Zucker

⊕ Die Maiskörner auftauen. Paprikaschoten putzen und in mundgerechte Stücke schneiden.

⊕ In einer Pfanne bei mittlerer Hitze die Pinienkerne ohne Fett rösten, bis sie etwas Farbe nehmen, und es beginnt zu duften, dabei stetig rühren, denn sie brennen leicht an. Die Kerne auf einen Teller kippen und abkühlen lassen.

⊕ 2 EL Öl in einer Pfanne bei mittlerer Hitze heiß werden lassen, Frühlingszwiebeln leicht anbraten. Maiskörner und Paprikastücke dazugeben und bei starker Hitze durchbraten. Mit Salz und Zucker abschmecken.

⊕ Geröstete Pinienkerne dazugeben, schnell untermischen.

⊕ Auf einen Teller geben und sofort zu Reis servieren.

Tipp: Statt Pinienkerne können Sie auch Sonnenblumenkerne oder Cashewnüsse benutzen. Die sollten jedoch alle vorher gut geröstet und erst ganz zum Schluss untergemischt werden, damit sie knackig bleiben.

松仁玉米

過故人莊

孟浩然

故人具雞黍，
邀我至田家。
綠樹村邊合，
青山郭外斜。

Geflügel

香菇炖鶏翅

Hühnerflügel mit Shiitakepilzen

Ergibt 3–4 Portionen

400 g Hühnerflügel (6–8 Stück)
300 g Shiitakepilze
2 mittelgroße Zwiebeln
1 TL Frühlingszwiebelröllchen
1 TL Ingwer, in Scheiben geschnitten
2 Stück Sternanis
4 EL helle Sojasauce
2 EL dunkle Sojasauce
2 EL Shaoxing-Reiswein
2 EL Zucker
2 EL Öl zum Braten
1 Prise Salz

⊕ Hühnerflügel waschen, trockentupfen und am Gelenk durchschneiden, dann auf beiden Seiten jeweils mit der Messerspitze 3 x schräg einritzen.

⊕ Die Zwiebeln in mundgerechte Stücke schneiden, Shiitakepilze putzen, und je nach Größe halbieren oder vierteln.

⊕ In einer Pfanne Öl bei starker Hitze heiß werden lassen, Anis, Ingwer und Frühlingszwiebel scharf anbraten, bis es beginnt zu duften. Hühnerfleisch dazugeben, anbraten bis die Haut goldbraun ist. Die Zwiebelstücke unterheben.

⊕ Sojasauce, Reiswein und Zucker dazugeben, Hitze erhöhen und das Ganze einmal aufkochen lassen.

⊕ Shiitakepilze dazugeben und gut unterrühren. Mit Salz abschmecken.

⊕ Die Hitze reduzieren und köcheln lassen, bis etwa die Hälfte der Flüssigkeit eingedampft ist. Auf einem Servierteller anrichten, mit Frühlingszwiebelröllchen dekorieren und mit Reis servieren.

Tipp: Statt Hühnerflügeln können Sie auch Hühnerschenkel (ohne Knochen und Haut) verwenden.

啤酒鴨

Geschmorte Entenschenkel in Biersauce

Ergibt 4 Portionen

600 g Entenschenkel
300 g Kartoffeln
800 ml helles o. dunkles Bier
4 Frühlingszwiebeln
4 cm Ingwerwurzel
6 Knoblauchzehen
1 Stück Bioorangenschale, etwa 4 x 4 cm
3 kleine getrocknete rote Chilischoten
2 Stück Sternanis
2 EL Sichuan Doubanjiang (scharfe Bohnenpaste)
1 EL Zucker
2 EL dunkle Sojasauce
1 TL Salz
1 EL Sesamöl
Öl zum Ausbacken

⊕ Die Kartoffeln schälen und in mundgerechte Größe schneiden.

⊕ Die Ente in etwa 4 cm große Stücke schneiden. In einem Topf reichlich Wasser zum Kochen bringen, die Entenstücke hineingeben und etwa 5 Min. leicht köcheln lassen. Währenddessen mit einer Schaumkelle oder feinem Sieb den Schaum entfernen, der sich beim Kochen des Fleisches bildet. Danach die Entenstücke gut abtropfen lassen und das Wasser entsorgen.

⊕ In einer Schmorpfanne oder einem Wok 2 EL Öl bei starker Hitze heiß werden lassen. Die Entenstückchen dazugeben und anbraten, bis die Haut goldbraun aussieht.

⊕ Die Fleischstückchen an den Pfannenrand schieben, Doubanjiang in die Pfanne geben, schnell umrühren und kurz anbraten. Alle übrigen Gewürze dazugeben und braten, bis es beginnt zu duften.

⊕ Bier und Sojasauce angießen, einmal aufkochen lassen, Hitze reduzieren und das Ganze bei milder Hitze abgedeckt etwa 1 Std. lang schmoren lassen.

⊕ Kartoffeln dazugeben und weitere 15 Min. schmoren.

⊕ Das Gericht in eine tiefe Schüssel oder einen Serviertopf geben und heiß servieren.

Tipp: Ein deftiges Winteressen, dass aus dem Westen und dem Süden von China stammt, wo Kartoffeln angebaut werden.

蒜蓉豆豉鷄翅

Hühnerflügel mit Knoblauch und schwarzen fermentierten Sojabohnen

Ergibt 4 Portionen

12 Hühnerflügel (etwa 300 g)
2 EL schwarze fermentierte Sojabohnen, feingehackt
4 Knoblauchzehen, feingehackt
1 Frühlingszwiebel, in Röllchen
1 rote Chilischote, in Röllchen
1 TL gehackter Ingwer

Für die Marinade
½ TL Salz
1 TL helle Sojasauce
1 TL Speisestärke
1 TL Shaoxing-Reiswein
1 TL Ingwer

Für die Sauce
1 EL dunkle Sojasauce
1 EL helle Sojasauce
1 TL Zucker
1 EL Sesamöl

㊉ Hühnerflügel waschen, trockentupfen und am Gelenk durchschneiden, dann auf beiden Seiten jeweils mit der Messerspitze 3 x schräg einritzen..

㊉ Alle Zutaten für die Marinade in einer Schüssel verrühren, das Hühnerfleisch hineingeben und 2 Std. marinieren lassen.

㊉ In einer Pfanne 2 EL Öl bei starker Hitze heiß werden lassen, den gehackten Knoblauch und die schwarzen Sojabohnen hineingeben und scharf anbraten, bis es beginnt zu duften. Chili, Ingwer und die Hälfte der Frühlingszwiebelröllchen dazugeben und kurz mitbraten. Pfanne vom Feuer nehmen.

㊉ In einem Topf reichlich Wasser zum Kochen bringen. Einen Dampfeinsatz in den Topf setzen. Die Hühnerflügel auf einen Teller legen, den Inhalt der Pfanne darüber gießen. In den Dampfeinsatz geben. und zugedeckt bei starker Hitze etwa 15 Min. dämpfen.

㊉ Während des Dämpfens in einem kleinen Topf alle Zutaten für die Sauce einmal aufkochen lassen.

㊉ Danach den Teller vorsichtig aus dem Dämpfer nehmen, die Sauce über das Geflügel gießen, die restlichen Frühlingszwiebelröllchen daraufstreuen und mit Reis servieren.

Tipp: Wenn Sie die Hühnerflügel im Kühlschrank über Nacht marinieren lassen, schmeckt dieses Gericht noch besser als ohnehin.

鷄絲豆幹

Gebratenes Hühnerfleisch mit Räuchertofu

Ergibt 2 Portionen

200 g Hühnerbrustfilet
2 TL in Streifen geschnittener geschälter Ingwer
1 TL feingehackter Knoblauch
10 g Mu-Err-Pilze
80 g Räuchertofu
1 kleine rote Spitzpaprika
1 TL Frühlingszwiebelröllchen
50 ml Hühnerbrühe
4 EL Pflanzenöl zum Braten

Für die Sauce
2 TL Zucker
1 TL Sichuan Doubanjiang (scharfe Bohnenpaste)
1 TL helle Sojasauce
1 TL schwarzer chin. Reisessig
1 TL Speisestärke
1 EL Wasser

Für die Marinade
1 EL helle Sojasauce
1 TL Speisestärke
1 TL Shaoxing-Reiswein
1 TL Pflanzenöl

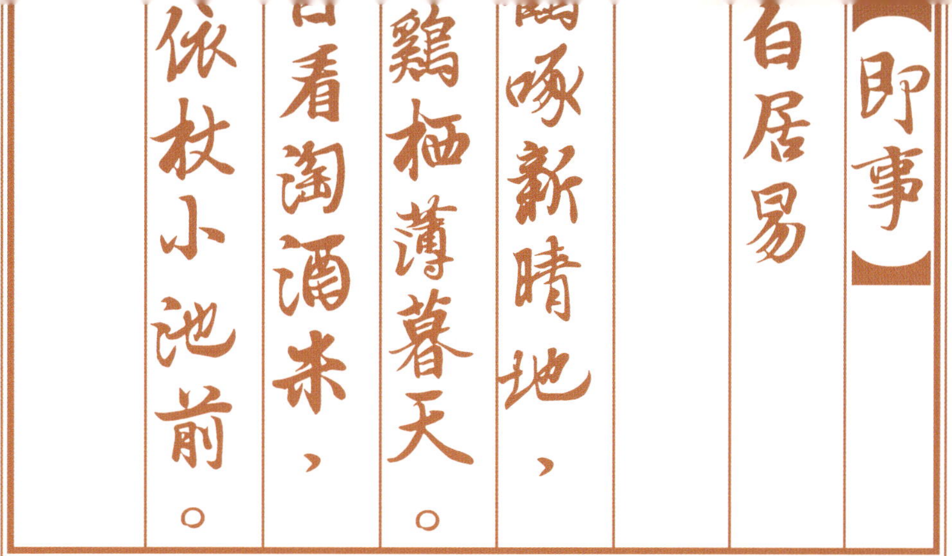

㊉ Die Mu-Err-Pilze min. 30 Min. in lauwarmen Wasser quellen lassen, ausdrücken und in Streifen schneiden.

㊉ Die Zutaten für die Marinade in einer Schüssel gut verrühren.

㊉ Hühnerfleisch gründlich waschen, sorgfältig mit Küchenpapier trockentupfen in ½ cm dicke Streifen schneiden, in die Marinade geben und etwa 30 Min. ziehen lassen.

㊉ Tofu und Spitzpaprika in etwa 1 x 5 cm große Streifen schneiden.

㊉ Zutaten für die Sauce in einer Schüssel gut verrühren.

㊉ In einer Pfanne 2 EL Öl bei starker Hitze heiß werden lassen, das Hühnerfleisch hineingeben, schnell pfannenrühren und so lange braten, bis sich die Farbe des Fleisches geändert hat. Aus der Pfanne heben.

㊉ 2 EL Öl in derselben Pfanne bei mittlerer Hitze heiß werden lassen, zuerst Ingwer und Knoblauch anbraten, bis es beginnt zu duften, nacheinander Tofu, Paprikastücke, Mu-Err-Pilze dazugeben und etwa 2-3 Min. pfannenrühren. Danach mit der Hühnerbrühe ablöschen und einmal aufkochen lassen.

㊉ Anschließend die Hühnerstreifen zurück in die Pfanne geben, die Sauce angießen, das Ganze noch 1 Min. gut durchkochen lassen, mit Frühlingszwiebelröllchen bestreuen und zu Reis servieren.

Tipp: Wenn Sie möchten, dass sich die Mu-Err-Pilze beim Beißen weich anfühlen, können Sie sie nach dem Quellen im Wasser einmal aufkochen lassen.

【游山西村】

竹筍黄悶鷄

Geschmorte Hähnchenschenkel mit Bambussprossen

Ergibt 3–4 Portionen

4 Hähnchenschenkel, entbeint
100 g Bambussprossen (TK)
2 mittelgroße Zwiebeln
2 bunte Paprikaschoten
50 g Shiitakepilze
1 Frühlingszwiebel, schräg in Scheiben geschnitten
1 TL Ingwer, in Scheiben geschnitten
3–4 getrocknete rote Chilischoten, grob ringförmig geschnitten

2 EL helle Sojasauce
1 EL dunkle Sojasauce
2 EL Shaoxing-Reiswein
1½ EL Zucker
1 TL Salz
½ TL weißer Pfeffer

⊕ Die Hähnchenschenkel waschen, trockentupfen in mundgerechte Größe schneiden. Bambussprossen, Zwiebel und Paprika ebenfalls putzen in mundgerechte Stücke schneiden, Shiitakepilze putzen, und je nach Größe halbieren oder vierteln

⊕ In einer Pfanne 2 EL Öl, bei schwacher bis mittlerer Hitze erhitzen, Zucker dazugeben und ständig rühren, bis der Zucker karamellisiert ist. Danach das Hühnerfleisch dazugeben, die Hitze erhöhen, schnell pfannenrühren, und den Kochwein unterrühren.

⊕ Ingwer und Chili dazugeben, kurz rühren, danach Bambussprossen, Zwiebel und die Sojasauce unterrühren.

⊕ Soviel kochendes Wasser dazugeben, dass der Pfanneninhalt knapp bedeckt ist. Mit Salz und Pfeffer würzen, einmal aufkochen und 2 Min. sprudelnd kochen lassen. Die Hitze reduzieren und zugedeckt etwa 15 Min. köcheln lassen, die Hälfte der Flüssigkeit sollte nun verdampft und die Sauce etwas angedickt sein. Zum Schluss Paprikaschotenstückchen und Frühlingszwiebel dazugeben, weitere 2 Min. köcheln lassen und sofort zu Reis servieren.

Tipp: In den Tiefkühlfächern von Asialäden gibt es sogenannte Winter- und Frühlingsbambussprossen, beide eignen sich gut für dieses Rezept. Aber am besten schmecken natürlich frische Bambussprossen.

葱油鷄

Hähnchenschenkel in Frühlingszwiebelöl

Ergibt 4 Portionen

4 Hähnchenschenkel
4 Frühlingszwiebeln, schräg in Scheiben geschnitten
2 cm Ingwer, geschält, in Scheiben geschnitten
2 TL Salz
1 TL weißer Pfeffer
2 EL Shaoxing-Reiswein
1 EL helle Sojasauce
1 TL Zucker
2 EL Öl

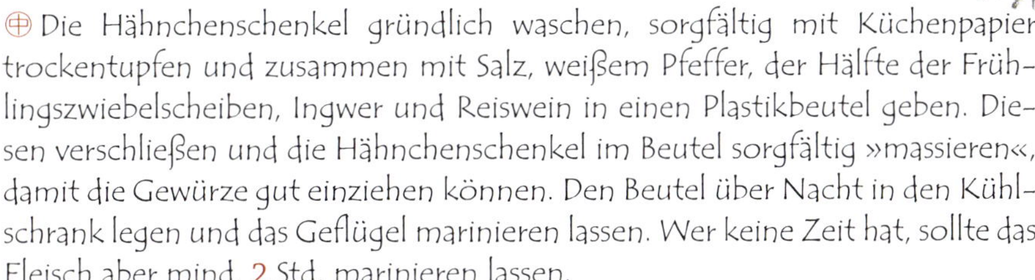

Die Hähnchenschenkel gründlich waschen, sorgfältig mit Küchenpapier trockentupfen und zusammen mit Salz, weißem Pfeffer, der Hälfte der Frühlingszwiebelscheiben, Ingwer und Reiswein in einen Plastikbeutel geben. Diesen verschließen und die Hähnchenschenkel im Beutel sorgfältig »massieren«, damit die Gewürze gut einziehen können. Den Beutel über Nacht in den Kühlschrank legen und das Geflügel marinieren lassen. Wer keine Zeit hat, sollte das Fleisch aber mind. 2 Std. marinieren lassen.

In einem Topf reichlich Wasser zum Kochen bringen. Einen Dampfeinsatz in den Topf setzen. Den Beutel aus dem Kühlschrank nehmen und erst Ingwer und Frühlingszwiebeln auf einen tiefen (er muss wirklich tief sein) Teller legen, und die Schenkel mit der Außenseite nach oben darauf. Den Teller in den Dampfeinsatz geben und zugedeckt bei starker Hitze etwa 30 Min. dämpfen. Danach den Teller vorsichtig herausnehmen und abkühlen lassen.

Für die Sauce die Flüssigkeit, die sich während des Dampfens angesammelt hat, aus dem Teller in einen kleinen Topf geben und zusammen mit 1 TL Sojasauce und 1 TL Zucker etwa 1 Min. aufkochen.

Die Hähnchenschenkel in mundgerechte Stücke schneiden, auf einem Teller anrichten und mit der Sauce übergießen. Zum Schluss die restlichen Frühlingszwiebeln in 2 EL ÖL etwa 30 Sek. scharf anbraten, über die Hühnerschenkel geben und mit Reis servieren.

Tipp: Frühlingszwiebelöl ist sehr beliebt in China, und es gibt sehr viele Rezeptvarianten. Dies ist eine etwas süßlichere Variante, die besonders gern in Shanghai gegessen wird.

豌豆鴨丁

Entenbrust mit Erbsen

Ergibt 4 Portionen

300 g Entenbrust
200 g Erbsen (TK)
½ rote Paprikaschote
½ Zwiebel
1 TL in Scheiben geschnittener Knoblauch
1 TL Frühlingszwiebelröllchen
1 EL Shaoxing-Reiswein
½ TL Zucker
1 EL helle Sojasauce
2 EL Öl zum Braten
½ TL Salz
1 Prise Pfeffer

Für die Marinade
1 TL Speisestärke
2 EL Wasser
1 EL helle Sojasauce
½ TL gehackter Ingwer
1 Prise Salz

⊕ Die Erbsen auftauen lassen.

⊕ Die Entenbrust in kleine Stückchen von etwa 1,5 cm schneiden und in der Marinade etwa 10 Min. ziehen lassen.

⊕ Paprika und Zwiebel ebenfalls in Stücke schneiden.

⊕ In einer Pfanne das Öl bei starker Hitze heiß werden lassen, Zwiebel und Knoblauch hineingeben und leicht anbraten, bis es beginnt zu duften. Die Entenstückchen dazugeben und bei mittlerer Hitze auf allen Seiten braten, bis sie goldbraun sind.

⊕ Den Shaoxing-Reiswein angießen und schnell pfannenrühren.

⊕ Erbsen und Paprika dazugeben. Zucker und Sojasauce untermischen. Das Ganze bei abgedecktem Deckel noch 1 Min. köcheln lassen. Mit Salz und Pfeffer abschmecken.

⊕ Das fertige Gericht auf einem Teller anrichten, mit Frühlingszwiebelröllchen bestreuen und mit Reis servieren.

Tipp: Statt Entenfleisch eignet sich auch Hühnerfleisch sehr gut.

宫爆鷄丁

Gebratene Hühnerbrust mit Erdnüssen

Ergibt 2 Portionen

200 g Hühnerbrust
100 g Erdnüsse
2–3 trockene kleine rote Chilischoten
1 TL gemahlener Sichuanpfeffer
1 TL gehackter Ingwer
1 TL gehackter Knoblauch
½ Stange Lauch
4 EL Pflanzenöl

Für die Sauce
2 TL Zucker
1 TL Salz
1 EL helle Sojasauce
1 EL Shaoxing-Reiswein
1 TL Speisestäke
1 TL Wasser

Für die Marinade
1 TL helle Sojasauce
1 TL Speisestärke

⊕ Das Hühnerfleisch in 1,5 x 1,5 cm große Stücke schneiden

⊕ 1 TL Sojasauce und ½ TL Speisestäke in einer Schüssel verrühren, das Hühnerfleisch hineingeben und 20 Min. marinieren lassen. Lauch putzen und schräg in 1 cm lange Stücke schneiden. Chilischoten in Röllchen schneiden.

⊕ In einer Schüssel die Zutaten für die Sauce sorgfältig verrühren.

⊕ Eine Pfanne ohne Fett bei mittlerer Hitze heiß werden lassen, Erdnüsse hineingeben und leicht rösten, bis sie ein wenig gebräunt sind, beiseitestellen.

⊕ In einer anderen Pfanne das Öl bei starker Hitze heiß werden lassen, Chilischoten und Sichuanpfeffer heineingeben und braten, bis es beginnt zu duften. Ingwer, Knoblauch und Lauch hinzufügen und pfannenrühren. Zum Schluss das Hühnerfleisch hineingeben, schnell pfannenrühren und so lange braten, bis sich die Farbe des Fleisches geändert hat. Erst dann die Sauce angießen und etwa 2 Min. köcheln lassen, bis die Sauce etwas angedickt ist. Ganz zum Schluss schnell die Erdnüsse untermengen (damit sie knackig bleiben) und sofort heiß mit Reis servieren.

Tipp: Dieses Gericht, genannt Gong-Bao-Hühnchen, ist ein Klassiker der Sichuanküche! Es schmeckt unglaublich gut, trifft den Geschmack vieler Menschen, lässt sich einfach zubereiten und gestattet doch individuelle Noten, gerade was die Schärfe betrifft.

Fleisch

大葱燴牛肉

Rindfleisch mit Lauch

Ergibt 2 Portionen

250 g Rindfleisch
(hohe Rippe oder Rücken)
200 g Lauch
1 TL gehackter Knoblauch
1 EL dunkle Sojasauce
1 TL Zucker
⅓ TL Salz
3 EL Öl zum Braten

Für die Marinade
½ TL Shaoxing-Reiswein
1 TL Öl
1 EL Speisestärke
1 TL Ingwer gehackt
je 1 Prise Salz und Pfeffer

⊕ Alle Zutaten für die Marinade verrühren.

⊕ Das Rindfleisch in sehr dünne Scheiben schneiden, in die Marinade geben und schnell mit Stäbchen oder einer Gabel in eine Richtung rühren, bis alles gut miteinander vermischt ist. Das Fleisch mindestens 20 Min. marinieren lassen.

⊕ Den Lauch gründlich waschen und schräg in etwa ½ cm dicke Scheiben schneiden.

⊕ 3 EL Öl in einer Pfanne bei starker Hitze heiß werden lassen, das marinierte Rindfleisch in die Pfanne geben und scharf anbraten, bis sich die Farbe des Fleischs geändert hat. Dabei die Fleischstreifen so wenig wie möglich wenden, dadurch bleiben sie saftiger.

⊕ Nachdem die Fleischscheiben durchgebraten sind, das dauert nicht mal 1 Min., Hitze etwas reduzieren und dunkle Sojasauce sowie Zucker schnell untermischen.

⊕ Das Fleisch an den Pfannenrand schieben, gehackten Knoblauch und Lauch in die Pfanne geben und etwa 30 Sek. braten. Danach alles zusammen pfannenrühren und noch einmal mit Salz abschmecken. Auf einen Servierteller geben und zu Reis servieren.

Tipp: Shaoxing-Reiswein, dessen Herstellungsverfahren ein geschütztes »immaterielles Kulturgut der Volksrepublik China« ist, darf nur in der Stadt Shaoxing hergestellt werden. Früher wurde er im Winter warm und im Sommer kalt getrunken, heute wird er als Kochwein zum Marinieren und Würzen verwendet.

紅燒肉

Rotgeschmorter Schweinebauch

Ergibt 4–5 Portionen

1 kg Schweinebauch (mit Schwarte, ohne Knochen)
7 EL dunkle Sojasauce
30 ml Shaoxing-Reiswein
1 TL Ingwer, in Scheiben
1 TL Frühlingszwiebeln, grüne und weiße Teile jeweils schräg in etwa 5 cm Länge geschnitten
30 g brauner Krustenkandis (o. brauner Zucker)
1 ganzer Sternanis

⊕ Den Schweinebauch in mundgerechte Stücke, von etwa 4 x 4 cm und 2 cm Dicke schneiden. Die Fleischstücke in einen Topf geben, mit Wasser bedecken und einmal aufkochen lassen. Dann bei mittlerer Hitze etwa 5 Min. leicht köcheln lassen. Das Fleisch durch ein Sieb abgießen und mit warmem Wasser gründlich abspülen, damit der Schaum, der sich während des Fleischkochens gebildet hat, entfernt wird. Das Fleisch dann gut abtropfen lassen.

⊕ 2 EL Öl in einer Schmorpfanne (oder Wok, wenn vorhanden) erhitzen, Ingwer und die weißen Teile der Frühlingszwiebeln dazugeben und braten, bis es beginnt zu duften.

⊕ Das Fleisch in die Pfanne geben, schnell umrühren und bei starker Hitze anbraten, bis die Oberfläche leicht braun ist.

⊕ Reiswein, dunkle Sojasauce und den Krustenkandis dazugeben.

⊕ Kochendes Wasser dazugeben, bis das Fleisch damit bedeckt ist.

⊕ Das Ganze einmal aufkochen lassen, die Pfanne zudecken und bei schwacher Hitze etwa 45 Min. schmoren lassen.

⊕ Hitze wieder erhöhen, Deckel abnehmen und noch 10-15 Min. kochen, bis die Sauce andickt. Danach die grünen Teile der Frühlingszwiebeln unterrühren.

⊕ In eine große Schüssel geben und mit Reis servieren.

Tipp: Fleisch vom Schwein ist die beliebteste Fleischsorte in China. Doch das Schwein spielt nicht nur in der Küche Chinas eine große Rolle, sondern auch in der Kultur, es ist das letzte der zwölf Tiere im chinesischen Tierkreis und steht für männliche Stärke und Kraft.

麻婆豆腐

Mapo Tofu

Ergibt 2 Portionen

500 g fester Seidentofu
100 g Hackfleisch (Huhn, Rind o. Rind und Schwein gemischt)
2 EL Frühlingszwiebelröllchen
1 TL gehackter Ingwer
1 TL gehackter Knoblauch
1 TL Sichuanpfefferkörner
5 EL Öl
2 EL rote Bohnenpaste
2 TL helle Sojasauce
1 TL Shaoxing-Reiswein
1 TL Speisestärke
2 EL Wasser

⊕ Den Tofu in etwa 1 x 1 cm große Würfel schneiden.

⊕ 4 EL Öl in einer Pfanne bei starker Hitze heiß werden lassen, Sichuanpfefferkörner, Knoblauch und Ingwer hineingeben und anbraten. Wenn es beginnt zu duften, das Hackfleisch dazugeben und bei starker Hitze weiterbraten, dabei ständig rühren. Wenn sich die Farbe des Fleischs geändert hat, an den Pfannenrand schieben. 1 EL Öl in die Pfanne geben, und die rote Bohnenpaste scharf anbraten, bis das Öl etwas rötlich aussieht.

⊕ Die Tofustücke hineingeben, den Kochwein, die Sojasauce sowie den Zucker hineinrühren und etwa 3 Min. kräftig köcheln lassen.

⊕ In eine tiefe Schale geben und zu Reis servieren.

Tipp: Mapo Tofu ist ein in ganz China beliebtes Gericht aus der Sichuanküche. Der Name Mapo Tofu bedeutet Tofu nach Art der pockennarbigen alten Frau. Es heißt, dass im Jahre 1874 die pockennarbige ältere Frau Chen in der Stadt Chengdu in der Provinz Sichuan dieses Rezept für das kleine Restaurant ihres Mannes erfand.

一塊豆腐

Mein Großvater und sein Stück Tofu

Die chinesische Küche, macht glücklich, und hält gesund – ich denke, dass dies sicherlich eine Rolle dabei gespielt hat, dass mein Großvater mütterlicherseits, 2019, im Jahr des Schweins, hundert Jahre alt geworden ist. Meine Oma starb schon mit neunundsechzig Jahren, und seitdem hat mein Opa alleine gelebt. Er war immer fit, kochte selbst, ging einkaufen und spazieren, las Bücher und Zeitungen. Doch irgendwann kann kein Mensch seiner Altersschwäche entkommen, und so kam es, dass er vergesslich wurde, als er Anfang neunzig war. Eines Tages kamen meine Mutter und ihre Schwester unangekündigt bei ihm vorbei, und auf dem Herd dampfte laut ein Schnellkochtopf, obwohl mein Opa nicht zu Hause war. Daraufhin hielten sie sofort eine Krisenbesprechung ab, bei der sie zu dem Schluss kamen, dass er nicht länger allein wohnen dürfe. Denn wäre der Topf mit Hühnersuppe explodiert, hätte nicht nur das Hähnchen an der Decke geklebt, sondern das Gas hätte sich entzünden und die Wohnung in Flammen aufgehen können.

Alle bestanden darauf, dass er zu einer seiner Töchter zieht. Der stolze Opa, der niemandem zur Last fallen wollte, nahm den Vorschlag schließlich an. Anfangs fand er das Zusammenleben wohl auch frisch und interessant, doch nach einiger Zeit wurde es ihm zu anstrengend, er hatte ja jahrzehntelang allein gewohnt. Dann erkrankte er, und nun lebt er dauerhaft in einem Pflegeheim. Er findet das Leben dort ruhig und entspannend, doch das Essen ist für ihn in keinster Weise zufriedenstellend. Deshalb bringt meine Tante, die unweit von dem Heim wohnt, ihm täglich Essen vorbei. Aufgrund seines hohen Alters hat sein Arzt ihm verboten, fettige oder scharfe Gerichte zu essen, weshalb meine Tante nur noch Gerichte mit wenig Öl und sehr mildem Geschmack für ihn zubereitet. Doch wenn wir nach China kommen, gehen wir mit ihm ins Restaurant, und er freut sich dabei fast wie ein Kind.

Das Pflegeheim liegt in einer kleinen Stadt namens Huangshi, die etwa 100 km von Wuhan entfernt ist. Verglichen mit anderen Großstädten hat Huangshi weniger interessante Esslokale, aber zum Glück liegt ein gutes in einer kleinen Gasse hinter dem Heim. Vor dem Tor dieses Restaurants hängt ein schlichtes schwarzbemaltes Schild aus Holz, auf dem steht: Yi kuài dòu fu (»Ein Stück Tofu«). Wie der Name bereits sagt, werden dort sehr viele Speisen mit Tofu angeboten, vor allem ein Gericht, das den Namen des Restaurants trägt, bleibt bis heute unvergesslich. Ich war überrascht, als wir es zum ersten Mal bestellt hatten, denn das Gericht, das auf einer etwa 40 cm großen blau-weißen Porzellanplatte angerichtet war, bestand aus einem einzigen Stück Tofu, das sage und schreibe 20 x 20 cm groß war! Es war mit einer glänzenden scharfen roten

Hackfleischsauce übergossen, und mit Frühlingszwiebelröllchen, gemahlenem Chili, Sichuanpfeffer und Sesam bestreut – und strömte einen unwahrscheinlich appetitlichen Duft aus. Da mein Opa aus der Provinz Hunan stammt, die bekannt für scharfe Gerichte ist, strahlte er vor Freude, als der Riesentofu vor ihm stand – er ist inzwischen zu unserem Standardgericht geworden. Wir hoffen, dass Opa noch lange gesund bleiben wird, und wir wieder zusammen dort Tofu essen können.

Tofu ist seit 2000 Jahren nachgewiesen, ja – es gibt sogar mehrere Entstehungsgeschichten zu Tofu. Aber was ich interessant finde, ist folgendes: Die daoistischen Meister der damaligen Han-Dynastie versuchten anhand ihrer alchemistischen Techniken wie besessen, Medikamente zu erfinden, die sie unsterblich machen sollten, blieben jedoch ohne Erfolg. Aber bei den Versuchen, bei denen sie alle mögliche Dinge – auch Sojabohnen – für ihre Experimente verwendeten, gelang es ihnen, Tofu zu erfinden! So sind zwar die Meister selbst nicht unsterblich geworden, doch ihre Erfindung ist es.

Tofu hat keinen starken Eigengeschmack. Ob er einem schmeckt, hängt also stark davon ab, wie man ihn zubereitet. Und wenn es um die vielseitigen Zubereitungsmöglichkeiten geht, kann ihm wohl kein Lebensmittel das Wasser reichen. Man würde typischerweise an vegetarische Gerichte mit Tofu denken, aber je nach Kochkunst kann daraus auch ein Fleischgeschmack entstehen, sodass man ihn tatsächlich als Ersatzfleisch genießen kann. Tofu besteht ausschließlich aus Sojabohnen und Wasser und ist meistens weiß. Weicher Sojaquark (eine Vorstufe von Tofu) und zarter Seidentofu lassen sich gut zu Süßspeisen verarbeiten. Man kann mittelfesten Tofu frittieren, Räuchertofu in Streifen lässt sich sehr gut braten. Es gibt auch Tofupapier, das als Suppeneinlage benutzt wird. Tofu ist tatsächlich fast universell verwendbar und unendlich nützlich!

Tofu, Tofu, Tofu – wie wunderbar er doch ist. Doch es gibt etwas, dass für alle Nichtchinesen schwer zu genießen zu sein scheint: Chòu dòu fu (Stinkender Tofu). Dieser fermentierte Tofu mit dem furchteinflößendem Namen wird mit Edelschimmel hergestellt und erschreckt jeden, der die unergründliche Tiefe der Tofu-Alchemie noch nicht durchblickt hat. Mein Mann stammt aus Japan und ist somit generell sehr vertraut mit Tofugerichten. Und natürlich isst er gerne chinesische Tofuspeisen wie etwa Mapo Tofu. Allerdings hat er es bis heute nicht geschafft, den magischen Gestank des Stinkenden Tofus zu überwinden, obwohl er kein Problem mit dem Schimmelkäse in Deutschland hat ...

青椒肉絲

Dünne Schweinefleischstreifen mit grüner Bratpaprika

Ergibt 2 Portionen

100 g Schweinefleisch (Rücken)
200 g grüne Bratpaprika (Pimiento)
1 TL Sichuanpfefferkörner
1 TL Salz
1 TL helle Sojasauce
3 EL Öl zum Braten

Für die Marinade
1 TL Shaoxing-Reiswein
1 TL dunkle Sojasauce
je 1 Prise Salz und Pfeffer
1 TL Speisestärke
1 TL Öl

⊕ Das Schweinefleisch in sehr dünne Streifen schneiden, in die Marinade geben und schnell mit Stäbchen oder einer Gabel in eine Richtung rühren, bis alles gut miteinander vermischt ist. Das Fleisch mindestens 20 Min. marinieren lassen.

⊕ Die Bratpaprika waschen, Stiele entfernen, und in dünne Streifen schneiden.

⊕ 2 EL Öl in Pfanne bei mittlerer Hitze heiß werden lassen, Sichuanpfefferkörner schnell anbraten, bis es beginnt zu duften. Die Körner aus der Pfanne heben und entsorgen.

⊕ Die Hitze erhöhen und das Fleisch in die Pfanne geben, schnell scharf anbraten und rühren, bis sich seine Farbe geändert hat, das dauert etwa 1 Min. Das Fleisch in eine Schüssel geben.

⊕ 1 EL Öl in dieselbe Pfanne geben, den gehackten Knoblauch bei mittlerer Hitze anbraten, dann die Paprikastreifen dazugeben. Mit Salz würzen, und etwa 1 Min. anbraten. Das Fleisch dazugeben, mit den Paprikastreifen gut vermischen, mit heller Sojasauce abschmecken und heiß zu Reis servieren.

糖醋裹脊

Knuspriges Schweinefilet süßsauer

Ergibt 2 Portionen

300 g Schweinefilet (oder Schweinerücken)
5 EL Speisestärke
5 EL Wasser
1 Eiweiß
Öl zum Frittieren

Für die Sauce
1 EL Sojasauce
1 EL Shaoxing-Reiswein
2 EL Essig
4 EL Tomatenmark
3½ EL Zucker
1 Prise Salz
1 TL Speisestärke
2 EL Wasser

⊕ Das Schweinefilet in fingerlange etwa 1,5 – 2 cm dicke Streifen schneiden.

⊕ Währenddessen reichlich Öl in einem Fonduetopf auf 180 °C erhitzen.

⊕ Für den Ausbackteig die Speisestärke mit Wasser und Eiweiß kräftig vermischen.

⊕ Die Filetstreifen kurz in den Teig eintauchen, anschließend im heißen Öl frittieren und auf Küchenpapier abtropfen lassen.

⊕ Alle Zutaten für die Sauce mit Ausnahme des Tomatenmarks in einer Schüssel miteinander verrühren.

⊕ Eine Pfanne mit 2 EL Öl bei mittlerer Hitze heiß werden lassen, erst den Tomatenmark darin anbraten, dann die übrige Sauce angießen. Wenn die Sauce angedickt ist und glatt aussieht, das frittierte Fleisch schnell unterrühren.

⊕ Das Fleisch auf einer Servierplatte anrichten und mit Reis servieren.

Tipp: Beim Frittieren sollte das Fleisch Stück für Stück ins Öl gegeben werden, damit es nicht aneinander klebt.

白蘿卜燒牛肉

Geschmortes Rinderfleisch mit weißem Rettich

Ergibt 4 Portionen

800 g Suppenfleisch vom Rind (am besten vom Bauch)
700 g weißer Rettich
2 cm Ingwer, in Scheiben
1 ganzer Sternanis
2 Frühlingszwiebeln
50 ml Shaoxing-Reiswein
70 ml helle Sojasauce
1½ EL Zucker

⊕ Rettich schälen, in 5 cm dicke Scheiben schneiden. Frühlingszwiebeln putzen, den grünen Teil in Röllchen schneiden und den weißen grobhacken.

⊕ Das Rindfleisch in etwa 4 x 4 cm große Stücke schneiden. Die Fleischstücke in einem Topf mit Wasser bedecken und einmal aufkochen lassen. Dann bei mittlerer Hitze etwa 5 Min. leicht köcheln lassen. Das Fleisch durch ein Sieb abgießen und mit warmem Wasser gründlich abspülen, damit der Schaum, der sich während des Fleischkochens gebildet hat, entfernt wird. Das Fleisch gut abtropfen lassen.

⊕ 2 EL Öl in einem mittelgroßen Topf bei mittlerer Hitze heiß werden lassen, Zucker, Ingwerscheiben und Sternanis hineingeben und braten, bis es beginnt zu duften. Dann das Rindfleisch, 400 ml warmes Wasser sowie die übrigen Zutaten (mit Ausnahme der grünen Frühlingszwiebelröllchen) dazugeben, und erneut einmal aufkochen lassen. Danach bei schwacher Hitze und geschlossenem Deckel schmoren lassen.

⊕ Nach 30 Min. die Rettichstücke hineingeben und weitere 30 Min. schmoren lassen. Mit einer Gabel oder einem Stäbchen prüfen, ob das Fleisch weich ist.

⊕ Ist das Fleisch weich, das Gericht in eine große Schale geben, mit Frühlingszwiebelröllchen bestreuen und zu Reis servieren.

Tipp: Rettich enthält viel Wasser, daher sollten die Zutaten im Topf während des Schmorens nicht komplett mit Wasser bedeckt sein. Der Rettich kann auch zur Hälfte durch Karotten ersetzt werden, das macht sich farblich sehr schön.

魚香茄子煲

Auberginen-Hackfleisch-Pfanne

Ergibt 2 Portionen

1 große Aubergine
150 g Hackfleisch (Huhn, Rind o. Rind und Schwein gemischt)
1 Frühlingszwiebel, grüner Teil in Röllchen, weißer Teil grobgehackt
1 EL gehackter Knoblauch
½ EL gehackter Ingwer

Für die Sauce
1 EL Sichuan Doubanjiang (scharfe Bohnenpaste)
2 EL helle Sojasauce
1 EL dunkle Sojasauce
1 EL Austernsauce
1 EL dunkler Reisessig
1 TL Salz
1 TL Zucker
¼ TL schwarzer Pfeffer

Für die Marinade
1 EL helle Sojasauce
1 TL Öl
2 TL Shaoxing-Reiswein
1 TL Speisestärke
1 Prise Pfeffer

1 TL Speisestärke
2 EL Wasser

⊕ Das Hackfleisch mit der Marinade in einer Schüssel gut vermengen und etwa 20 Min. ziehen lassen.

⊕ Auberginen putzen, in 8–10 cm lange, etwa 2 cm breite Streifen schneiden.

⊕ Aubergine in einem tiefen Topf in heißem Öl etwa 5 Min. frittieren, mit einer Schaumkelle herausheben und gut abtropfen lassen.

⊕ 2 EL Öl in einer großen Pfanne bei mittlerer Hitze heiß werden lassen, das Weiße der Frühlingszwiebel, Knoblauch, Ingwer sowie die scharfe Bohnenpaste hineingeben und anbraten, bis es beginnt zu duften, dann die Aubergine dazugeben und weiterbraten. Alle Saucenzutaten miteinander verrühren.

⊕ Währenddessen in einer anderen Pfanne das marinierte Hackfleisch in wenig Öl sehr scharf anbraten, bis das Fleisch trocken ist. Das Fleisch zum Gemüse geben, die Sauce hinzufügen, gut vermengen und bei mittlerer Hitze etwa 5 Min. weiterköcheln lassen.

⊕ Dann die mit kaltem Wasser verrührte Speisestärke schnell unterrühren. In eine Schüssel geben, mit Frühlingszwiebelröllchen bestreuen und zu Reis servieren.

Tipp: Sie können die Auberginenstreifen, statt sie zu frittieren, auch 5 Min. in Salzwasser blanchieren, dann gut abtropfen lassen und weiterverarbeiten.

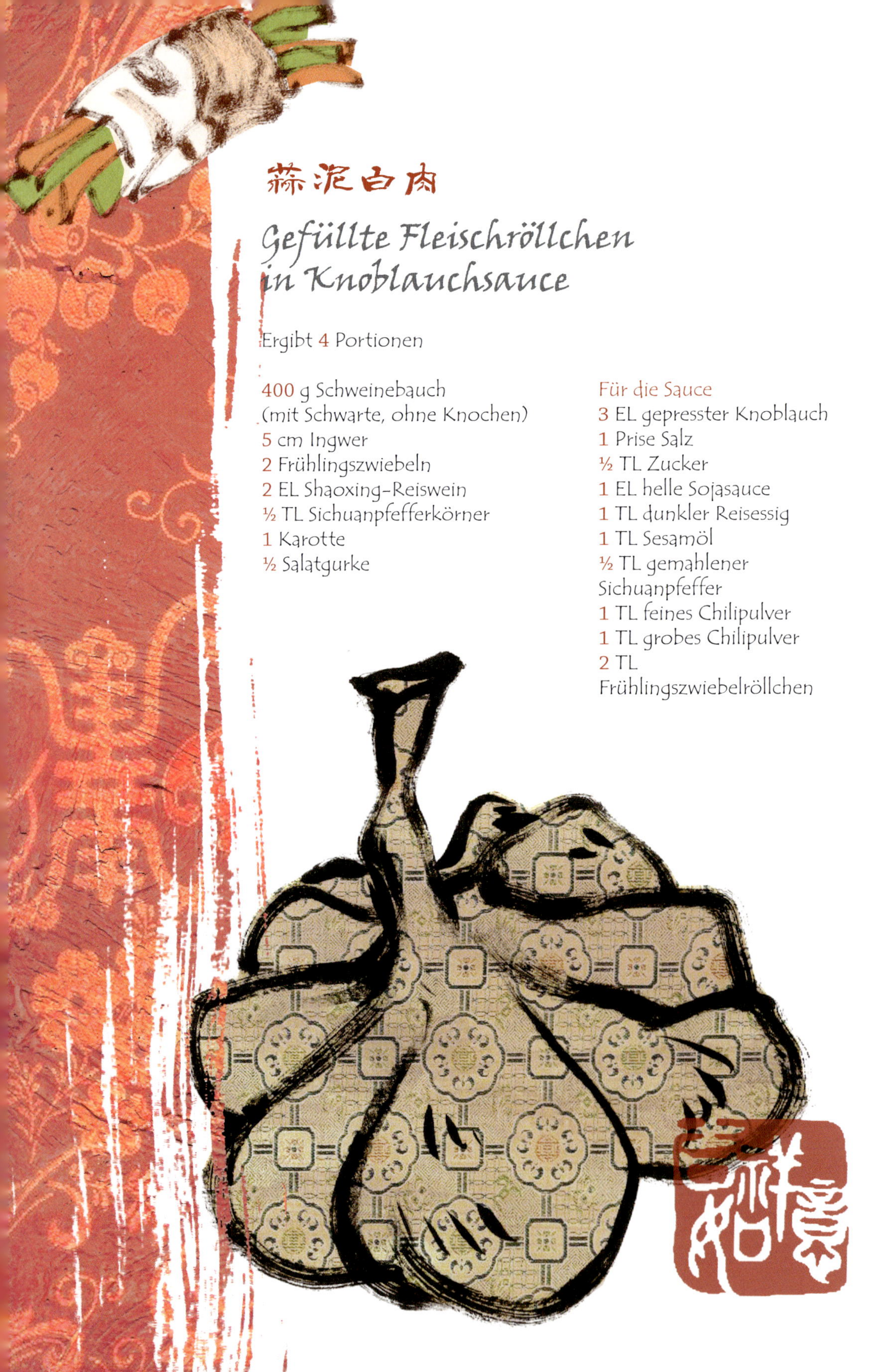

蒜泥白肉

Gefüllte Fleischröllchen in Knoblauchsauce

Ergibt 4 Portionen

400 g Schweinebauch (mit Schwarte, ohne Knochen)
5 cm Ingwer
2 Frühlingszwiebeln
2 EL Shaoxing-Reiswein
½ TL Sichuanpfefferkörner
1 Karotte
½ Salatgurke

Für die Sauce

3 EL gepresster Knoblauch
1 Prise Salz
½ TL Zucker
1 EL helle Sojasauce
1 TL dunkler Reisessig
1 TL Sesamöl
½ TL gemahlener Sichuanpfeffer
1 TL feines Chilipulver
1 TL grobes Chilipulver
2 TL Frühlingszwiebelröllchen

⊕ Eine Pfanne ohne Fett sehr heiß werden lassen, den Schweinebauch mit der Schwarte nach unten bei sehr starker Hitze etwa 30 Sek. anbraten lassen. Danach gründlich mit Wasser abwaschen.

⊕ Den Schweinebauch in einen Topf geben, mit kaltem Wasser bedecken, Ingwer, Frühlingszwiebeln, Kochwein, und ein paar Sichuanpfefferkörnern hinzufügen. Einmal aufkochen lassen und in etwa 20–30 Min. bei mittlerer Hitze köcheln lassen, bis das Fleisch durchgegart ist. Mit einer Schaumkelle aus dem Topf heben, in eine Schale mit kaltem Wasser tauchen und abkühlen lassen.

⊕ Währenddessen Karotte und Gurke in etwa 7 cm lange ziemlich dünne Streifen schneiden.

⊕ Wenn das Fleisch im Wasser vollständig abgekühlt ist, herausheben, trockentupfen und längs in möglichst dünne Scheiben schneiden. Es ist wichtig, dass das Fleisch richtig abgekühlt ist, weil es sich so besser schneiden lässt.

⊕ Ein paar Karotten- und Gurkenstreifen (etwa 3 cm dickes Bündel) mit jeweils einer Schweinebauchscheibe umwickeln und auf einen flachen Servierteller legen.

⊕ Knoblauch, Chilipulver, gemahlener Sichuanpfeffer und 1 TL Frühlingszwiebelröllchen in eine kleine ofenfeste Schüssel geben. 3 EL Öl in einem kleinen Topf oder einem Pfännchen sehr stark erhitzen, bis es raucht. Dieses Öl sofort in die Schüssel gießen und schnell mit den Gewürzen verrühren. Danach die Prise Salz, Zucker, Sojasauce, Essig, und Seasamöl dazugeben und erneut alles miteinander gründlich verrühren.

⊕ Die Sauce auf die Rollen löffeln. Nach Belieben mit Frühlingszwiebelröllchen oder geröstetem Sesam bestreuen und mit heißem Reis servieren.

Tipp: Dieses Traditionsgericht aus Sichuan wird kalt serviert und verspricht an heißen Sommertagen eine willkommene kühlende Abwechslung.

京醬肉絲

Schweinefilet mit schwarzer Sojabohnenpaste

Ergibt 2–3 Portionen

300 g Schweinefilet
½ Lauch oder 2 Frühlingszwiebeln
2 EL süße Sojabohnenpaste
1 TL gehackter Ingwer
1 TL Shaoxing-Reiswein
1 TL Zucker
2 EL Wasser
5 EL Öl

Für die Marinade
1 EL dunkle Sojasauce
1 EL Shaoxing-Reiswein
1 TL Speisestärke
1 EL Öl

⊕ Alle Zutaten für die Marinade miteinander verrühren.

⊕ Das Schweinefleisch in feine etwa 4–5 cm lange dünne Streifen schneiden, in die Marinade geben und 15–20 Min. marinieren.

⊕ Den Lauch oder die Frühlingszwiebeln schräg in etwa 5 cm lange, sehr feine Streifen schneiden und in kaltes Wasser legen, dadurch schmecken die Frühlingszwiebelstreifen milder.

⊕ Eine Pfanne mit 5 EL Öl bei starker Hitze heiß werden lassen, und die Fleischstreifen schnell pfannenrühren, bis sich die Farbe des Fleischs geändert hat, das dauert etwa 1–2 Min. Das Fleisch aus der Pfanne heben und beiseitestellen.

⊕ Etwa 3 EL Öl in der Pfanne behalten, und Sojapaste sowie Ingwer bei mittlerer Hitze darin anbraten, danach Kochwein, Zucker und Wasser dazugeben und das Ganze einmal aufkochen lassen, bis es leicht angedickt ist.

⊕ Die Hitze reduzieren, die Schweinefleischstreifen dazugeben und kräftig rühren, damit alle Fleischstreifen mit der Sauce überzogen werden.

⊕ Den Lauch aus dem Wasser in ein Sieb gießen und gut abtropfen lassen. Auf einen Servierteller verteilen, die Fleischstreifen darauf anrichten und mit Reis servieren.

Tipp: Dieses Gericht erfreut sich in ganz China großer Beliebtheit. Es schmeckt gleichzeitig würzig und frisch, durch die Frühlingszwiebeln.

回鍋肉

Zweimal gegartes Schweinefleisch nach Sichuan Art

Ergibt 4 Portionen

300 g Schweinebauch (mit Schwarte, ohne Knochen)
2 Paprikaschoten
2 Chilischoten
2 Knoblauchzehen, in Scheiben geschnitten
2 cm Ingwer, in Scheiben geschnitten
1 Bund Schnittknoblauch
2 EL Sichuan Doubanjiang (scharfe Bohnenpaste)
1 TL gehackte schwarze fermentierte Sojabohnen
1 TL Zucker
1 EL helle Sojasauce
2 EL Shaoxing-Reiswein
5 EL Öl

⊕ Paprikaschoten, Chilischoten und Schnittknoblauch putzen und in mundgerechte Stücke schneiden.

⊕ Den Schweinebauch mit 2 Scheiben Ingwer und 1 EL Reiswein in einen Topf geben und mit kalten Wasser bedecken. Einmal aufkochen und etwa 20 Min. bei mittlerer Hitze köcheln lassen, bis das Fleisch durchgegart ist. Mit einer Schaumkelle aus dem Topf heben, abkühlen lassen und quer in sehr dünne Scheiben schneiden.

⊕ In einer Pfanne 5 EL Öl bei mittlerer Hitze heiß werden lassen, und die Bauchscheiben langsam darin anbraten. Dabei die Scheiben mehrmals wenden, bis sie eine schöne goldbraune Farbe angenommen haben, das dauert zwischen 3 und 10 Min., je nachdem wie dünn die Scheiben sind.

⊕ Die Fleischscheiben zur Seite schieben. Hitze erhöhen und Knoblauch sowie Ingwer in die Pfanne geben und kurz anbraten, bis es beginnt zu duften. Doubanjiang sowie gehackte schwarze Sojabohnen dazugeben und scharf anbraten.

⊕ Paprikastücke und Schnittknoblauch rasch untermischen. Sojasauce, Zucker und den übrigen 1 EL Reiswein dazugeben und pfannenrühren, bis alles gut gemischt ist. Auf einen Servierteller geben und zu Reis servieren.

Tipp: Die Bauchscheiben sollten so dünn wie möglich geschnitten werden, damit beim langsamen Braten das Fett austritt und das Fleisch schön knusprig wird.

杯深新酒滑，焙暖早茶香。

蒜苗炒牛肉

Gebratene Knoblauchsprossen mit Rindfleisch

Ergibt 2 Portionen

250 g Knoblauchsprossen (frisch aus dem Asialaden)
100 g Rindfleisch (aus dem Rücken)
½ TL Salz
1 TL helle Sojasauce
3 EL Öl zum Braten

Für die Marinade
1 TL Shaoxing-Reiswein
1 TL dunkle Sojasauce
Prise Salz und Pfeffer
1 TL Speisestärke
1 TL Öl

- Die Zutaten für die Marinade in einer Schüssel verrühren.
- Das Fleisch in sehr dünne Streifen schneiden, in die Marinade geben und schnell kräftig mit Stäbchen oder Gabel in eine Richtung rühren, damit sich alles gut vermischt. Dann etwa 20 Min. marinieren.
- Die Knoblauchsprossen auf etwa 4 cm Länge zuschneiden.
- 2 EL Öl in einer Pfanne bei starker Hitze heiß werden lassen, das marinierte Fleisch hineingeben und schnell pfannenrühren, bis sich die Farbe geändert hat. Aus der Pfanne heben und beiseitestellen.
- 1 EL Öl in dieselbe sehr heiße Pfanne geben, Knoblauchsprossen und Salz hinzufügen, und etwa 1 Min. bei starker Hitze anbraten. Das Fleisch dazugeben, schnell etwa 1 Min. pfannenrühren und mit Sojasauce abschmecken.
- Auf einen Servierteller geben und mit Reis servieren.

Tipp: Dieses Gericht hat einen kräftigen Geschmack, und wer gerne scharfe isst, kann noch 1 TL Sichuan Doubanjiang dazugeben, bevor die Knoblauchsprossen in die Pfanne kommen. Übrigens: Wer keinen Knoblauchgeruch mag, kaut nach dem Essen einfach getrocknete grüne Teeblätter, das mindert den Geruch deutlich.

魚香肉絲

Nach Fisch duftendes Schweinefleisch mit Bambussprossen

200 g Schweinerücken
50 g Bambussprossen
25 g grüne Bratpaprika (Pimiento)
½ Karotte
25 g Mu-Err-Pilze
30 g scharfe Pfefferoni, grobgehackt
1 EL Ingwer, in dünnen Streifen
1 EL gehackter Knoblauch
2 Frühlingszwiebeln, in Streifen geschnitten
1 EL Sichuan Doubanjiang (scharfe Bohnenpaste)
5 EL Öl

Für die Marinade
1 TL Shaoxing-Reiswein
1 TL dunkle Sojasauce
Prise Salz und Pfeffer
1 TL Speisestärke
1 TL Öl

Für die Sauce
1 EL helle Sojasauce
1 EL Shaoxing-Reiswein
1½ EL dunkler Reisessig
1½ EL Zucker
⅛ TL Salz
1 EL Speisestärke
1 EL Wasser

Die Mu-Err-Pilze min. 30 Min. in lauwarmen Wasser quellen lassen, ausdrücken und in feine Streifen schneiden.

Das Schweinefleisch in feine etwa 4–5 cm lange Streifen schneiden, in die Marinade geben und 15-20 Min. ziehen lassen.

Die Zutaten für die Sauce in einer Schüssel vermischen.

Bambussprossen, Bratpaprika, Karotte und Mu-Err Pilze in feine Streifen schneiden.

5 EL Öl in einer Pfanne bei starker Hitze heiß werden lassen, das Fleisch hineingeben und schnell pfannenrühren. Das Fleisch herausnehmen, etwa 3 EL vom Öl in der Pfanne behalten. Darin Sichuan Doubanjiang, Pfefferoni, Ingwer und Knoblauch schnell anbraten, bis es beginnt zu duften.

Alle Gemüsestreifen dazugeben und pfannenrühren. Wenn sie etwas weich geworden sind, die Schweinefleischstreifen hineingeben und gut vermischen.

Die Sauce dazugeben und das Ganze kräftig rühren, um jeden Streifen mit der Sauce zu überziehen.

Wenn die Sauce halb verdampft ist, das Gericht auf einem Teller anrichten, mit Frühlingszwiebelröllchen dekorieren und mit Reis servieren.

Tipp: Yuxiang rousi heißt das nach Fisch duftende Schweinefleisch, es ist ein echter Genuss und fehlt eigentlich auf keiner Speisekarte in Restaurants in China. Der Name soll sich darauf beziehen, dass die Sauce dieses Gerichts ursprünglich zu Fisch gereicht wurde.

香菇肉末蒸鵪鶉蛋

Gefüllte Shiitakepilze mit Wachteleiern

Ergibt 2–3 Portionen

8 sehr große Shiitakepilze
8 Wachteleier
100 g Schweinehackfleisch
1 TL Frühlingszwiebelröllchen

Für die Marinade
¼ TL Salz
¼ TL Zucker
1 Prise Pfeffer
1 TL gehackte Frühlingszwiebeln
½ TL gehackter Ingwer
1 TL Speisestärke
1 EL helle Sojasauce
1 EL Shaoxing-Reiswein

⊕ Die Marinade in einer Schüssel anrühren, das Hackfleisch hineingeben und vermengen und 10 Min. ziehen lassen.

⊕ Die Shiitakepilze putzen, entstielen, und die Hüte mit der offenen Seite nach oben auf einen flachen Teller legen. Hackfleisch gleichmäßig auf die Pilzhüte verteilen, dann mit einem Löffel eine Vertiefung (eher ein Loch) in der Mitte der jeweiligen Fleischmasse bohren.

⊕ Jeweils ein Wachtelei in eine kleine Tasse aufschlagen und dann vorsichtig in das Loch in der Fleischmasse kippen.

⊕ In einem großen Topf ausreichend Wasser zum Kochen bringen. Einen Dampfeinsatz hineinsetzen, den Teller vorsichtig hineinsetzen und bei mittlerer Hitze zugedeckt etwa 15 Min. dämpfen lassen.

⊕ Den Teller vorsichtig herausnehmen, Frühlingszwiebelröllchen darauf streuen und mit Reis sofort servieren.

Tipp: Eier spielen in der chinesischen Küche traditionell eine große Rolle. Auf Wochenmärkten können Sie die verschiedensten Größen von Mini-Eiern, über Wachteleier bis hin zu Eiern von Enten und Gänsen bestaunen und natürlich die Farben der Eier: weiße, braune, grünliche, blaue und rötliche.

耗油鮮竹卷

Tofupapierrolle mit Fleischfüllung

Ergibt 3–4 Portionen bzw. 12 Rollen

3 dünne Blätter weiches Tofupapier
250 g Schweinhackfleisch
120 g kleine Garnele
30 g Shiitakepilze
4 Wasserkastanien
1 EL Frühlingszwiebeln fein gehackt
1 TL frisch geriebener Ingwer
1 EL Shaoxing-Reiswein

2 EL Sojasauce
1 EL Salz
1 Prise Pfeffer
1 TL Speisestärke
1 EL Wasser
1 EL Mehl
2 EL Wasser
Öl zum Frittieren

Für die Sauce
2 EL Austernsauce
1 EL dunkle Sojasauce
1 TL Speisestärke
1½ EL Zucker

⊕ Das weiche Tofupapier vierteln und mit kaltem Wasser anfeuchten.

⊕ Shiitakepilze und Wasserkastanien in kleine, etwa ½ cm große Würfel schneiden.

⊕ Die Garnelen mit je einer Prise Salz und Pfeffer sowie der Speisestärke mischen und 10 Min. ruhen lassen.

⊕ Hackfleisch in einer großen Schüssel mit Salz, Pfeffer, Sojasauce, Frühlingszwiebeln und Ingwer gut vermengen. Mit Stäbchen oder Gabel kräftig in eine Richtung rühren, bis die ganze Masse klebrig wird.

⊕ Garnelen (ganz oder grob gehackt), Shiitakepilze und Wasserkastanien sorgfältig unter die Hackfleischmasse rühren.

⊕ 1 EL Mehl und 2 EL Wasser gründlich vermengen, das gibt den Kleber für die Rollen.

⊕ Jeweils einen EL Hackfleischmasse in die Mitte eines Blattes Tofupapier geben, dann wie eine Frühlingsrolle aufrollen (s. S. 35) und am Ende mit dem »Kleber« verkleben.

⊕ In einem Topf ausreichend Öl erhitzen, und die Tofupapierrollen solange frittieren, bis sie rundherum goldbraun sind. Aus dem Öl heben und auf Küchenpapier abtropfen lassen.

⊕ Für die Sauce in einem kleinen Topf 220 ml Wasser mit Austernsauce, Sojasauce und Zucker zum Kochen bringen. Um die Sauce zu binden, Speisestärke und Wasser vermischen, in den Topf rühren und das Ganze noch einmal aufkochen lassen.

⊕ Die Tofupapierrollen auf 4 kleine Teller verteilen, und mit der Sauce begießen. In einem Topf ausreichend Wasser zum Kochen bringen. Einen Dampfeinsatz hineinsetzen, den Teller daraufgeben, bei starker Hitze zugedeckt etwa 10 Min. dämpfen lassen, vorsichtig herausnehmen und heiß mit Reis servieren.

Tipp: In Asialäden gibt es Tofupapier in verschiedenen Arten zu kaufen. Manche müssen vor dem Gebrauch kurz im Wasser gequellt werden. Andere, die bereits weich sind, müssen nur kurz mit Wasser angefeuchtet werden.

珍珠丸子

Fleischklößchen im Klebreismantel

Ergibt 2 Portionen

100 g Klebreis
200 g Schweinehackfleisch
1 TL frisch geriebener Ingwer
1 TL weiße Frühlingszwiebelröllchen
1 TL grüne Frühlingszwiebelröllchen
1 TL Speisestärke
1 TL Shaoxing-Reiswein
1 TL Sesamöl
ie 1 Prise Salz und Pfeffer
2 Shiitakepilze
4 Wasserkastanien (TK)

⊕ Den Klebreis waschen und 2 Std. in kaltem Wasser quellen lassen.

⊕ Das Hackfleisch mit Ingwer, weißen Frühlingszwiebelröllchen, Speisestärke, Kochwein und Sesamöl mischen, mit Stäbchen oder Gabel in eine Richtung kräftig rühren, bis die Masse klebrig wird.

⊕ Die Shiitakepilze entstielen, und die Pilzhüte in sehr kleine Stücke schneiden. Die Wasserkastanien ebenfalls in sehr kleine Stücke schneiden. Beides sorgfältig unter das Hackfleisch mischen. Mit Salz und Pfeffer abschmecken.

⊕ Den Klebreis durch ein Sieb abgießen.

⊕ Aus der Fleischmasse mit Händen oder zwei Löffeln walnussgroße Bällchen formen. Diese solange im Klebreis wenden, bis die Klößchen ganz vom Reis ummantelt sind. Die Klößchen auf einen flachen Teller legen.

⊕ In einem Topf ausreichend Wasser zum Kochen bringen. Einen Dampfeinsatz hineinsetzen, den Teller mit den Klößchen hineingeben und unter starker Hitze zugedeckt etwa 15 Min. dämpfen lassen. Den Teller vorsichtig herausnehmen, mit den grünen Frühlingszwiebelröllchen bestreuen und mit Reis servieren.

Tipp: Dieses Gericht ist in ganz China beliebt, doch in der Provinz Hubei, darf es bei keinem Festessen fehlen.

Fisch & Meeresfrüchte

鱒魚蒸蛋

Gedämpfte Forelle mit Eiern

Ergibt 2 Portionen

1 mittelgroße Forelle (etwa 500 g), ausgenomen
2 Eier
1 cm Ingwer, in etwa 3 mm dünne Streifen geschnitten
2 Frühlingszwiebeln, in etwa 3 cm dünne Streifen geschnitten
1 TL Salz
1 TL Shaoxing-Reiswein
1 TL helle Sojasauce

⊕ Die Schuppen der Forelle mit dem Messerrücken entfernen, die Haut abwaschen und mit Küchenpapier abtrocknen. Die Haut auf beiden Seiten 3–4 mal einschlitzen.

⊕ Die Forelle gründlich mit ½ TL Salz und dem Kochwein einreiben, die Ingwerscheiben sowie die Hälfte der Frühlingszwiebelstreifen auf und in der Forelle verteilen, auch in die Schlitze und unter die Bauchwand geben, danach etwa 1 Std. marinieren lassen.

⊕ Einen Wok oder eine tiefe Pfanne zur Hälfte mit Wasser füllen und aufkochen lassen.

⊕ Die Forelle mit dem offenem Bauch nach unten auf einen tiefen Teller setzen, damit der Rücken nach oben zeigt.

⊕ 2 Eier mit ½ TL Salz kräftig verrühren, mit 100 ml Wasser verdünnen und langsam in den Teller kippen.

⊕ Den Teller vorsichtig in den Wok geben, und bei starker Hitze abgedeckt etwa 12 Min. dämpfen lassen. Vom Feuer ziehen und weitere 3 Min. garen lassen.

⊕ Den Teller vorsichtig aus dem Wok heben, Sojasauce über die Forelle gießen, die restlichen Frühlingszwiebelstreifen daraufstreuen und sofort mit Reis servieren.

Tipp: Es sieht sehr schön aus, wenn Sie ein kleines Schälchen mit Sojasauce auf den Teller zum Dämpfen stellen, bevor Sie das Ei angießen. Und den Teller dann so servieren.

糖醋魚

Fischfilet süßsauer

Ergibt 2 Portionen

200 g Zanderfilet
½ rote Paprikaschote
½ grüne Paprikaschote
½ Zwiebel
1 TL Frühlingszwiebelröllchen

Für die Marinade
1 Prise Salz
1 Prise Pfeffer
1 TL Speisestärke
1 EL Shaoxing-Reiswein
½ Ei

Für die Sauce
1 TL gehackte Knoblauchzehen
½ TL gehackter Ingwer
1 EL Zucker
1 EL helle Sojasauce
1 EL heller Reisessig
1 EL Shaoxing-Reiswein
2 EL Tomatenmark
1 EL Wasser
Speisestärke zum Panieren
Öl zum Frittieren

㊉ Alle Zutaten für die Marinade verrühren.

㊉ Das Fischfilet in etwa ½ cm dicke Streifen schneiden, in die Marinade geben etwa 10 Min. ziehen lassen.

㊉ Paprikaschote und Zwiebel putzen und in mundgerechte Stücke schneiden.

㊉ Die Zutaten für die Sauce in einer Schüssel gut vermischen.

㊉ In einem hohen Topf das Öl erhitzen. Die Fischfiletstreifen nach und nach in die Speisestärke tauchen und frittieren, bis sie goldbraun und knusprig sind, das dauert jeweils etwa 2 Min. Mit einer Schaumkelle aus dem Öl heben und auf Küchenpapier abtropfen lassen.

㊉ 2 EL Öl in einer Pfanne bei mittlerer Hitze heiß werden lassen, Paprika und Zwiebel kurz braten, bis die Zwiebel duftet. Das Gemüse zur Seite schieben, die Sauce in die Pfanne gießen und leicht aufkochen lassen. Die Fischfiletstreifen dazugeben und schnell rühren, damit alle Streifen von der Sauce überzogen werden. Sofort auf einer Servierplatte anrichten, mit Frühlingszwiebelröllchen bestreuen und mit Reis servieren.

酸菜魚

Fischeintopf mit »chinesischem Sauerkraut«

Ergibt 4 Portionen

400 g Zanderfilet
200 g sauer eingelegter Chinakohl
1 EL Sichuanpfefferkörner
10 Knoblauchzehen, in Scheiben geschnitten
2 cm großes Stück Ingwer, in Scheiben geschnitten
3 scharfe Pfefferoni, in Scheiben geschnitten
5 getrocknete rote Chilischoten
2 l gekochtes Wasser oder Gemüsebrühe
1 TL Salz
2 EL Shaoxing-Reiswein
1 EL Speisestärke
1 Prise weißer Sesam
1 Frühlingszwiebel, in Röllchen geschnitten
8 EL Öl

⊕ 1 Prise Salz, Speisestärke und Kochwein in einer Schüssel gut verrühren. Das Zanderfilet in etwa 1 cm dicke Scheiben schneiden, in die Schüssel geben und etwa 15 Min. ziehen lassen.

⊕ Das chinesische Sauerkraut in kaltem Wasser gründlich waschen, abtropfen lassen und in mundgerechte Stücke schneiden.

⊕ 3 EL Öl in einer Pfanne bei mittlerer Hitze heiß werden lassen, die Hälfte der Sichuanpfefferkörner hineingeben und braten, bis es beginnt zu duften. Die Pfefferkörner aus der Pfanne heben und entsorgen. Knoblauch, Ingwer und Pfefferoni in die heiße Pfanne geben und etwa 1 Min. anbraten. Das chinesische Sauerkraut dazugeben, und solange braten, bis die Flüssigkeit verdampft.

⊕ 1 l kochendes Wasser oder Gemüsebrühe angießen. Wenn die Brühe köchelt, die Fischscheiben sanft hineingeben und mit einem großen Löffel oder einem Pfannenheber vorsichtig unter die Wasseroberfläche drücken, bis der Fisch durchgekocht ist, das dauert etwa 1–2 Min. Vorsichtig hantieren, damit die Scheiben nicht brechen. Mit Salz abschmecken.

⊕ Das Ganze in einer tiefen Schüssel anrichten und mit Frühlingszwiebelröllchen und weißem Sesam bestreuen.

⊕ In einer anderen Pfanne 5 EL Öl bei mittlerer Hitze heiß werden lassen, die restlichen Pfefferkörner, Chilischote und Knoblauch anbraten, bis es beginnt zu duften. Das Öl durch ein Sieb auf den fertigen Fischeintopf gießen und sofort mit Reis servieren.

Tipp: Der sauer eingelegte Chinakohl ist typisch für Nordchina. Er schmeckt salzig, sauer und ist knackig. Er gilt als appetitanregend. Da er unterschiedlich würzig sein kann, sollten Sie ihn vor dem Salzen immer erst probieren.

紅燒鱒魚

Rotgeschmorte Dorade

Ergibt 2 Portionen

500 g Dorade
1 TL Salz
1 TL Speisestärke
2 Frühlingszwiebeln, schräg in ½ cm Scheiben geschnitten
1 EL Ingwer, in Streifen geschnitten
3 Knoblauch, grobgehackt
3 getrocknete rote Chilischoten
1 Prise gemahlener Shichuanpfeffer
2 TL Sichuan Doubanjiang (scharfe Bohnenpaste)
1 TL Zucker
1 TL Salz
2 EL dunkle Sojasauce
2 EL Shaoxing-Reiswein
4 EL Öl

⊕ Die Schuppen der Dorade mit dem Messerrücken entfernen, die Haut abwaschen und mit Küchenpapier abtrocken. Die Haut auf beiden Seiten 3–4 mal einschlitzen, und den Fisch gründlich mit Salz einreiben.

⊕ 4 EL Öl in einer Pfanne bei starker Hitze heiß werden lassen, die Dorade leicht mit Speisestäke bestäuben, in die Pfanne geben und braten, bis eine Seite goldbraun ist. Vorsichtig wenden und die andere Seite ebenfalls goldbraun braten.

⊕ Hitze reduzieren, Ingwer, Knoblauch, Chili, Sichuanpfeffer, Sichuan Doubanjiang in die Pfanne geben und braten, bis es beginnt zu duften.

⊕ 1 l warmes Wasser in die Pfanne geben, Zucker, Salz, Reiswein und Sojasauce unterrühren. Zudecken, bei schwacher Hitze 10–15 Min. garen.

⊕ Abdecken, Hitze erhöhen, und solange köcheln lassen, bis die meiste Flüssigkeit verdampft ist, und die Sauce von allein andickt.

⊕ Den Fisch vorsichtig mit der Sauce auf einen Servierteller geben, Frühlingszwiebelstreifen darauf streuen und mit Reis servieren.

海鮮豆腐煲

Meeresfrüchtetopf mit Tofu

Ergibt 3-4 Portionen

1 Packung fester Seidentofu (400 g)
300 g gemischte Meeresfrüchte (TK)
100 g Enoki-Pilze
2 kleine Pak choi
1 EL Frühlingszwiebelröllchen
1 TL Ingwer, feingerieben
1½ EL Shaoxing-Reiswein

2 EL helle Sojasauce
1 EL Austernsauce
1 TL Zucker
Prise Salz
1 TL Speisestärke
2 EL Wasser

2 Liter Wasser zum Kochen bringen. Die aufgetauten Meeresfrüchte mit ½ EL Reiswein etwa 1 Min. blanchieren, durch ein Sieb abgießen und mit kaltem Wasser abschrecken.

Pak choi putzen, Blätter abtrennen. Tofu in etwa 3 x 3 x 1 cm große Scheiben schneiden, und dann mit 2 EL Öl in einer Pfanne bei mittlerer Hitze beidseitig leicht braun anbraten, herausheben und beiseitestellen.

1 weiteren EL Öl in die Pfanne geben, Hitze erhöhen und Ingwer und Frühlingszwiebel scharf darin anbraten, bis es beginnt zu duften. Die Meeresfrüchte dazugeben. Sojasauce, Austernsauce, 1 EL Reiswein und Zucker hinzufügen und weiter erhitzen, bis das Ganze kocht.

Sofort Pak choi und den vorgebratene Tofu dazugeben, und das Ganze vorsichtig einmal umrühren. Mit Salz abschmecken, und zum Schluss die geputzten Enoki-Pilze hineingeben.

Die Hitze reduzieren, Speisestärke mit kaltem Wasser mischen, hineinrühren, bis die meiste Flüssigkeit verdampft ist. Mit Frühlingszwiebelröllchen bestreuen und mit Reis servieren.

Tipp: Statt gemischter Meeresfrüchte können Sie natürlich auch Muscheln (ohne Schale) benutzen.

青豆蝦仁

Garnelen mit grünen Sojabohnen

Ergibt 4 Portionen

250 g geschälte Garnelen
150 g grüne Sojabohnen (TK)
50 g Zuckermais (TK)
½ Karotte
½ TL gehackter Knoblauch
½ TL gehackter Ingwer
½ TL Zucker
1 Prise Salz
1 TL Shaoxing-Reiswein
1 TL Austernsauce
3 EL Öl

Für die Marinade
1 TL Öl
2 TL Wasser
1 TL Speisestärke
1 Prise Pfeffer

⊕ Alle Zutaten für die Marinade verrühren, das Garnelenfleisch hineingeben und etwa 10 Min. ziehen lassen.

⊕ Die Karotte in etwa ½ cm große Würfel schneiden, mit den aufgetauten grünen Sojabohnen und dem Zuckermais in einen Topf mit kochenden Wasser geben, 1 Min. blanchieren und dann in einem Sieb abtropfen lassen.

⊕ 3 EL Öl in einer Pfanne bei starker Hitze heiß werden lassen, das Garnelenfleisch hineingeben, von allen Seiten scharf anbraten, aus der Pfanne heben und beiseitestellen.

⊕ In derselben Pfanne 1 EL Öl bei mittlerer Hitze heiß werden lassen, Knoblauch und Ingwer hineingeben und leicht anbraten. Karottenwürfel, Sojabohnen und Zuckermais hinzufügen und etwa 1–2 Min. pfannenrühren.

⊕ Das Garnelenfleisch dazugeben, mit Zucker und 1 Prise Salz abschmecken. Shaoxing-Reiswein und Austernsauce angießen, und das Ganze bei mittlerer Hitze 1 Min. kochen lassen, dabei pfannenrühren.

⊕ Auf einem Servierteller anrichten und mit Reis servieren.

Tipp: Statt der Sojabohnen passen auch Erbsen sehr gut.

豆豉魷魚

Tintenfisch mit schwarzen fermentierten Sojabohnen

Ergibt 2 Portionen

300 g Tintenfischtuben
2 bunte Paprikaschoten
1 Zwiebel
1 EL gehackter Knoblauch
1 TL gehackter Ingwer
1 EL schwarze fermentierte Sojabohnen
1½ EL Shaoxing-Reiswein
3 EL Öl

1 EL Austernsauce
2 EL helle Sojasauce
1 TL Zucker
1 TL Speisestärke
2 EL Wasser

⊕ Die Tintenfischtuben der Länge nach halbieren. An der Oberfläche kreuzweise in jeweils etwa ½ cm Abstand einritzen, die Tuben danach in mundgerechte Stücke schneiden.

⊕ Paprikaschoten und Zwiebel putzen und ebenfalls in mundgerechte Stücke schneiden. Sojabohnen grobhacken.

⊕ 2 l Wasser aufkochen lassen, die Tintenfischstückchen mit ½ EL Kochwein hineingeben und solange kochen lassen, bis sie sich aufrollen, das dauert etwa 1–2 Min., sofort durch ein Sieb abgießen, unter sehr kaltem Wasser abschrecken und abtropfen lassen.

⊕ 3 EL Öl in einem Wok bei mittlerer Hitze heiß werden lassen, zuerst Knoblauch, Ingwer und schwarze Sojabohnen kurz anbraten, bis es beginnt zu duften, dann Zwiebeln und Paprika hinzufügen und bei mittlerer bis starker Hitze anbraten.

⊕ Wenn das Gemüse etwas weich und leicht gebräunt ist, die abgetropften Tintenfischrollen dazugeben und kurz mitbraten. Den restlichen Kochwein, die Saucen und den Zucker dazugeben, alles gut miteinander vermengen und einmal aufkochen lassen.

⊕ Die Hitze reduzieren, und die mit kaltem Wasser verrührte Speisestärke schnell unterrühren. 1–2 Min. köcheln lassen und sofort zu Reis servieren.

Tipp: Sie können auch noch feingehackte Chilischoten nach Geschmack gleichzeitig mit dem Knoblauch dazugeben.

青口蒸蛋

Gedämpfte Miesmuscheln in Eiern

Ergibt 2 Portionen

12 Miesmuscheln
2 Eier
150 ml lauwarmes Wasser
½ TL Salz
1 TL helle Sojasauce
1 Frühlingszwiebel, in Röllchen geschnitten
2 TL gerösteter Sesam

Für die Sauce
1 EL helle Sojasauce
1 TL Sesamöl

⊕ In einem Topf Wasser einmal aufkochen lassen, und die Muscheln hineingeben. Wenn sich die Schalen geöffnet haben, schnell herausheben und beiseitestellen.

⊕ 2 Eier in einer Schüssel mit Salz und Sojasauce schaumig schlagen.

⊕ 200 ml lauwarmes Wasser in die geschlagenen Eier gießen, und schnell mit Stäbchen oder einer Gabel in eine Richtung rühren, danach mit einem Löffel den Schaum abschöpfen.

⊕ Die Miesmuscheln mit der Öffnung nach oben in einen etwa 3 cm tiefen Teller legen, und vorsichtig die Eimasse angießen.

⊕ In einem Topf ausreichend Wasser zum Kochen bringen. Einen Dampfeinsatz in den Topf setzen. Den Teller hineingeben und bei starker Hitze zugedeckt etwa 15 Min. dämpfen lassen.

⊕ Den Teller vorsichtig herausnehmen. Sojasauce und Sesamöl auf den Fisch löffeln, mit Frühlingszwiebelröllchen und Sesam bestreuen und mit Reis servieren.

青椒滑魚片

Kabeljaufilet mit Bratpaprika nach Sichuan Art

Ergibt 2 Portionen

200 g Kabeljaufilet
200 g grüne Bratpaprika (Pimiento), etwa 20 Stück
1 TL Knoblauch, in Scheiben geschnitten
1–2 Frühlingszwiebeln, in Röllchen geschnitten
1 TL Sichuanpfefferkörner
1 TL Sichuan Doubanjiang (scharfe Bohnenpaste)
1 TL helle Sojasauce
Öl zum Braten

Für die Marinade
1 TL gehackter Ingwer
1 TL Shaoxing-Reiswein
1 TL dunkle Sojasauce
1 TL Speisestärke
1 TL Wasser
Prise Salz und Pfeffer

㊉ Alle Zutaten für die Marinade verrühren.

㊉ Das Kabeljaufilet in etwa ½ cm dicke Streifen schneiden, in die Marinade geben und schnell mit Stäbchen oder einer Gabel in eine Richtung rühren, bis alles gut miteinander vermischt ist. Den Fisch mindestens 20 Min. marinieren lassen.

㊉ Die Bratpaprika waschen, Stiele entfernen und in mundgerechte Stücke schneiden.

㊉ 4 EL Öl in einer Pfanne bei starker Hitze heiß werden lassen, Sichuanpfefferkörner schnell anbraten, bis es beginnt zu duften. Die Körner aus der Pfanne heben und entsorgen.

㊉ Die Fischstreifen in die Pfanne geben, bei starker Hitze schnell anbraten, bis sich die Farbe geändert hat. Die Fischstücke dabei nicht zu oft wenden, weil sie sonst zerbröckeln könnten. Die Fischstücke aus der Pfanne heben und beiseitestellen.

㊉ 1 weiteren EL Öl in die Pfanne geben, die Hitze etwas reduzieren und Knoblauch, Doubanjiang sowie die Hälfte der Frühlingszwiebelnröllchen braten, bis es beginnt zu duften. Die Paprikastücke dazugeben und bei starker Hitze noch etwa 30 Sek. scharf anbraten, danach die Fischstücke hinzufügen und vorsichtig pfannenrühren.

㊉ Mit heller Sojasauce und Salz abschmecken und sofort mit Reis servieren.

Anhang

目錄

Rezeptregister

(sortiert nach den deutschen Rezeptnamen)

目錄

Zutatenregister

感謝

Danksagung

Mein erster Dank geht an meinen Mann, der mir bei der Arbeit an diesem Buch unheimlich viel geholfen hat, da meine Texte – selbst nach zwanzig Jahren in Deutschland – immer noch unzählige Rechtschreibfehler beinhalten =_=```. Er hat mich beim Schreiben der Rezepte und Geschichte immer korrigiert und auch sämtliche E-Mail-Kontakte mit dem Verlag übernommen – er war also mein Hauslektor, obwohl auch sein Deutsch nicht perfekt ist.

Weiterhin möchte ich meinen Eltern danken, die mir regelmäßig Feedbacks aus meiner Heimatstadt Wuhan gesendet haben.

Ich bedanke mich auch ganz herzlich bei Nicola Stuart, die mit ihrem Vorschlag auf mich zukam, ein chinesisches Kochbuch zu schreiben und zu illustrieren; sechs Jahre nachdem mein Mann und ich *Das Japan-Kochbuch* bei Jacoby&Stuart veröffentlicht haben. Ohne sie wäre dieses Buch wohl nicht entstanden. Ich danke ihr auch für die redaktionelle Unterstützung und ihr großes Interesse an chinesischer Esskultur.

Dank an meine Freundin Li für die lebhaften Diskussionen über diverse Kochmethoden.

Dank an meine Freundin Traute, die immer mit Neugier und voller Freude meine Gerichte gegessen und dann mir Feedbacks gegeben hat, als jemand, die sich eben nicht mit China auskennt

Und abschließend danke ich meinen beiden Katzen Ken 5 & Ken 6, deren kuschelige Anwesenheit zu Hause stets für eine angenehme Arbeitsatmosphäre sorgte.

Tian Tang

作者簡歷

Vita

Tian Tang, geb. 1980 in Wuhan, kam 1999 nach Deutschland. Sie hat Visuelle Kommunikation an der HFBK in Hamburg studiert. Die freie Illustratorin und erfahrene Köchin ist mit dem Japaner Kenichi Kusano verheiratet. Von ihnen erschien bei Jacoby & Stuart *Das Japan-Kochbuch*, das bereits in der 7. Auflage ist.

Ein verlagsneues Buch kostet in ganz Deutschland und Österreich jeweils dasselbe. Das liegt an der gesetzlichen Buchpreisbindung, die dafür sorgt, dass die kulturelle Vielfalt erhalten und für die Leser bezahlbar bleibt. Also: Egal ob im Internet, in der Großbuchhandlung, beim lokalen Buchhändler, im Dorf oder in der Stadt – überall bekommen Sie Ihre verlagsneuen Bücher zum selben Preis.

Druck und Bindung: Polygraf Print
Printed in Slovakia

ISBN 978-3-96428-038-1
www.jacobystuart.de

誰家今夜扁舟子　何處相思明月樓
可憐樓上月徘徊　應照離人妝鏡臺
玉戶簾中卷不去　搗衣砧上拂還來
此時相望不相聞　願逐月華流照君
鴻雁長飛光不度　魚龍潛躍水成文
昨夜閑潭夢落花　可憐春半不還家
江水流春去欲盡　江潭落月復西斜
斜月沉沉藏海霧　碣石瀟湘無限路
不知乘月幾人歸　落月搖情滿江樹